W0362941

Agnes Baum

Fastenspeisen

Klosterrezepte
für Körper, Geist & Seele

Mit Fotografien von Barbara Krobath

ISBN 3-902191-63-5

© Firmensitz: Kneipp-Verlag, Kunigundenweg 10, A-8700 Leoben; Zweigstelle: Lobkowitzplatz 1, 1010 Wien.
Autor: Agnes Baum
Fotos: Barbara Krobath, Kneipp-Verlag
Layout, Fotosatz, technische Bearbeitung: Kneipp-Verlag
Druck: Theiss GmbH, A-9431 St. Stefan
1. Auflage Leoben, Jänner 2004

Inhalt

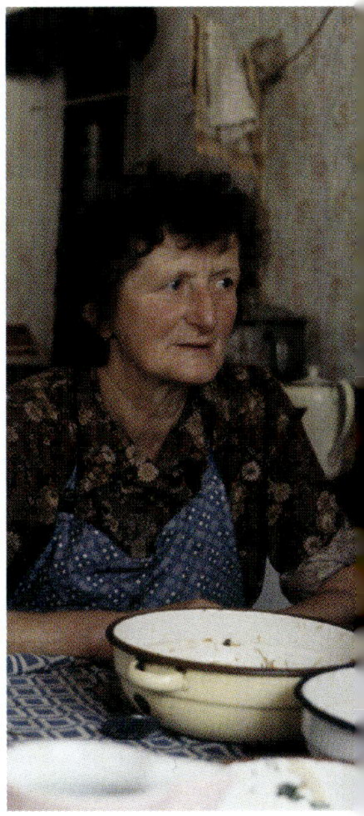

العطلة الاسبوعية الجمعة
مواعيد العمل
٨ صباحا ١٢ ظهرا
٣ الى ٦ مساء

„Fasten macht high"

Das ist kein Spruch aus der Hippie-Szene der 70er Jahre und auch kein peppiger Werbe-Slogan für Null-Diäten. Die ehrwürdige Mutter Rosaria, emeritierte Äbtissin des Klosters Marienkron im österreichischen Mönchhof, sagt so etwas. Mit leiser, fester Stimme und einem Lächeln. Die Frau Äbtissin steht im 8. Lebensjahrzehnt und hat reiche Erfahrung im Fasten. Zwanzig Fastenkuren – „Entschlackungskuren" – wie sie richtig sagt – hat sie im Lauf ihres Lebens gemacht. Und dabei gelernt, das Fasten auch zu genießen. Aufs Fasten, meint sie, kann man – fast – süchtig werden. Damit sie es nicht übertreibt, das Fasten, hat Mutter Rosaria schon vor vielen Jahren mit Yoga begonnen. Das hilft, Ruhe zu finden und fördert gleichzeitig die Beweglichkeit von Körper und Geist. Bis vor ein paar Jahren hat sie selbst die Yoga-Kurse für die Kurgäste von Marienkron geleitet, nun übernehmen das die jungen Nonnen. Die Zisterzienser-Schwestern aus Mönchhof haben reiche Erfahrung in den Energielehren der östlichen Welt, sie bieten auch Qi Gong und Einführung in die Meditation im Stil des Zen an. All das soll den Kurgästen, die sich ja alle mehr oder weniger strengen Fastenkuren unterziehen, helfen, die „körperliche Leere" mit einer neuen Fülle für Seele und Geist auszugleichen. Neben den Entspannungslehren des Ostens wird den fastenden Gästen auch abendländisches Gedankengut, nämlich die Zisterziensische Spiritualität, näher gebracht. Seit 900 Jahren leben die Mönche und Nonnen des Ordens ihren Klosteralltag als „Leben der Gottsuche" im Dreischritt von Gemeinschaftsgebet, geistlicher Lesung und Arbeit.

Fasten kann süchtig machen.

Prämonstratenser von Stift Geras

Aber zurück zu diesem bemerkenswerten Satz: Fasten macht high.

Selbstverständlich hat das nichts mit Aufputschmitteln oder Opiaten zu tun. Wer einmal eine Fastenkur durchlebt hat, weiß, was die Frau Äbtissin meint: Fasten macht high, weil es die Seele leicht macht und die Gedanken frei werden lässt. Wem es gelingt, eine Zeit lang auf feste Nahrung zu verzichten, der befreit sich in gewisser Weise auch vom Alltag. Vieles wird unwichtig, nicht nur das Essen. Fasten bedeutet ein Konzentrieren auf sich selbst, ein Eintauchen in die eigene Seele, ein Sich-Zeit-Nehmen, ein Langsamwerden, ein Still-sein-Können. Fasten, Nachdenken und Sich-geborgen-Fühlen, das gehört zusammen. Hat man einmal die erste schwierige Phase überwunden, schärfen sich die Sinne. Zusammenhänge werden begreifbar, Gefühle aus der Tiefe der Seele drängen nach oben und manchmal wird dann einfach alles klar.

Fasten befreit vom Alltag.

Wichtig allerdings ist, dass dieses Fasten bewusst und freiwillig geschieht, nur dann kann man auch richtig von „fasten" sprechen. Menschen, die nichts oder wenig zu essen haben, fasten nicht – sie hungern.

Mutter Rosaria ist die Unterscheidung von „Fasten" und „Entschlackungskuren" sehr wichtig. „Fasten ist etwas Religiöses", sagt sie. Und steigt damit sogleich mitten ins Thema. Denn Fasten und Entschlackung, Enthaltsamkeit oder Diäthalten haben nur am Rande miteinander zu tun. Zwar nimmt, wer fastet, ab. Aber nicht jeder, der Diät hält, fastet auch.

Fastenkurs im Kloster Pernegg

Kräutertees, die traditionellen Fastenbegleiter

Der Prämonstratenserorden wurde 1120 von Norbert von Xanten gegründet. Norbert wurde 1126 Bischof von Magdeburg, daher waren die Ordensleute dort besonders aktiv und die Prämonstratenser wurden lange auch „Norbertiner" genannt. Das Prämonstratenserstift in Geras, Niederösterreich, nicht weit von der tschechischen Grenze, wurde 1153 von Graf Ulrich von Pernegg gestiftet. Das nahe gelegene Kloster Pernegg gehört ebenfalls zum Stift Geras. In Geras werden laufend Kunstkurse veranstaltet. Schwerpunkt des Klosters Pernegg sind die Fastenkurse, die das ganze Jahr über angeboten werden. Die Gäste des Klostern sollen auch „Natur bewusst erleben", das wünschen die Mönche aus Geras sich und ihnen. Die idyllische Landschaft des dunklen, mystischen Waldviertels und der 143 ha große Naturpark des Stiftes Geras schaffen dafür die besten Voraussetzungen. Zum Stift gehört ein Kräutergarten mit über 100 Heil- und Gewürzpflanzen, ein großer landwirtschaftlicher Betrieb und natürlich – ganz wichtig im Waldviertel – ein Fischteich.

Viele Klöster öffnen ihre Pforten, laden ein zu einem „Urlaub für die Seele", zum Eintritt ins „Kloster auf Zeit". Das Leben in Stille und Beschaulichkeit, der Rückzug vom Alltag und ein Einsteigen in eine Zeit der Besinnung sind für viele Menschen nicht nur neu, sondern fast fremdartig. Es ist wie ein Besuch in einer anderen Welt. „Die Türen stehen für alle Menschen offen, die auf Pilgerschaft sind", sagt der Abt des Klosters Geras, DDr. Joachim Angerer. „In jedem steckt die Sehnsucht nach dem Spirituellen, dem Jenseitigen, dem Bleibenden und damit dem Ewigen. Auch wenn manches längst verschüttet wurde." Der Abt ist ein offener, dynamischer Mensch, dem man ansieht, dass er viel Humor besitzt. Er ist Theologe und Musikwissenschaftler und ein engagierter Förderer von Kunst und Kultur. Im Kloster Pernegg, das zum Stift Geras gehört, finden regelmäßig Fastenseminare statt.

Professionelle Fastenbegleiter betreuen die Seminarteilnehmer und sorgen für deren leibliches und geistiges Wohl. In der Fastenzeit ist der Abt selbst dabei: „Der Abt fastet – wer fastet mit?" lautet das Motto. Joachim Angerer pflegt das Fasten mäßig, aber regelmäßig und weiß um die Folgen eines entlasteten Organismus: „Ich werde ganz frei und offen, für Begegnungen, für das Gespräch, für tiefe Empfindungen. Es sind sehr schöne Gedanken, die beim Fasten auftauchen."

Der Hunger, so meint der Herr Prälat, plagt den Fastenden gar nicht. „Wichtig ist nur: viel trinken – Tee, Säfte, Brühe – und an die frische Luft gehen." Und das alles ist schöner und einfacher, wenn man's nicht allein tut: „Am besten fastet man in Gemeinschaft und unter Anleitung."

Fastende spüren keinen Hunger.

Der Speisenplan im Stift Geras während der Fastenwoche:

Sonntag Abend, wenn die Gäste eintreffen, gibt es ein Glas Obst- oder Gemüsesaft, das zur Hälfte mit Wasser verdünnt wird.

Ab dem zweiten Tag:
Morgens 1/4 l Wasser mit Glaubersalz (Bittersalz)
Mittags Gemüsebrühe
Abends Kräutertee

Nach sieben Tagen Fasten kommt das „Fastenbrechen", die erste feste Nahrung ist meist ein Apfelkompott. Während dieser strengen Fastentage werden die Teilnehmer animiert und gemahnt viel zu trinken. Über 60 verschiedene Teesorten stehen bereit, spezielle Kräutermischungen, die Kräuterpfarrer Weidinger, ebenfalls ein Prämonstratenser, zusammengestellt hat.

Wer fastet, wer weniger isst, muss viel trinken. Das ist eine der Grundweisheiten, die jeder Fasten-Anfänger eingetrichtert bekommt. Der Organismus soll entgiftet und entschlackt werden, die Flüssigkeit hilft, die Gifte und Schlacken schneller aus dem Körper zu bekommen. Und natürlich soll nichts getrunken werden, was wieder Kalorien zuführt, sondern entweder einfach Wasser (nicht Mineralwasser) oder Kräutertee. Viele der Früchteteesorten, die in großer Vielfalt im Handel angeboten werden, sind nicht wirklich ideal als Begleiter für Diäten, weil sie durch ihren fruchtig-säuerlichen Geschmack die ableitende Wirkung des Fastens nicht bestärken. Die sanft-milden Kräutertees hingegen wirken günstig auf den Säure-Basen-Haushalt und helfen beim Ausschwemmen.

Zwei bis drei Liter am Tag sollte jeder Fastende trinken und das fällt vielen schwer. Wir sind es einfach nicht gewohnt, so viel Flüssigkeit durch den Körper laufen zu lassen. Oft hilft es, wenn man nicht eine Teesorte trinkt, sondern verschiedene Sorten. Abwechslung tut gut.

Wer fastet, muss viel trinken – am besten unterstützende Kräutertees.

Kräutertee ist nicht gleich Kräutertee. Jedes Kraut, jede Blüte, jede Wurzel entwickelt ihren eigenen Geschmack. Und obwohl die Verwendung von Teesäckchen wirklich praktisch ist, empfiehlt es sich, den Tee aus der offenen Packung zu verwenden. Das Aroma, das bei dieser Bereitung entsteht, kann sich wesentlich besser entfalten, der Tee entwickelt den intensiveren Geschmack.

Sollten Sie die Kräuter bei sich im Garten wachsen haben – Pfefferminze zum Beispiel, Löwenzahn oder Melisse – dann können Sie ein wenig vom frischen Kraut pflücken und frisch verwenden. Ansonsten empfiehlt es sich, die verschiedenen Sorten aus der Apotheke zu beziehen.

Der Kräutertee sollte auf keinen Fall mit Zucker gesüßt werden. Am idealsten trinkt man ihn ohne jegliche Süßungsmittel. Wer es ohne Süße nicht aushält, gibt ein wenig Honig in den nicht mehr zu heißen Tee. Die Unsitte, alle Tees mit Zitronensaft zu trinken, ist ohnehin bereits stark zurückgegangen. Ein paar Tropfen Zitrone passen zwar in den einen oder anderen Früchtetee, nicht aber zum zarten Geschmack der meisten Kräutertees. Die im Folgenden angeführten Kräuterteesorten sind jene, die sich besonders als gute Unterstützer bei Fastenkuren eignen. Einfach deshalb, weil sie entschlacken, entkrampfen, beruhigen und ableitend wirken. Grundsätzlich gilt für alle Heilpflanzen: Man sollte denselben Tee nie zu lange trinken, damit sich der Körper nicht daran gewöhnt. Denn dadurch könnte die Heilwirkung gemildert werden.

Anis

Anis

Dem Anistee schreibt Pfarrer Kneipp eine starke blähungstreibende und krampfstillende Wirkung zu. Anis stärkt den Magen, fördert die Verdauung und der Tee schmeckt auch gut.

Apfelschalen

Der Tee aus Apfelschalen ist im Ursprung ein ganz einfacher, bäuerlicher Tee, der aus im Backrohr getrockneten Apfelschalen bereitet wurde. Für die Generation der Urgroßeltern war dieser Tee nicht nur alltägliches, weil ganz billiges Getränk, sondern auch ein wichtiger Vitaminspender.

Apfelschalentee kann auch in größeren Mengen unbedenklich genossen werden.

Brennnessel

Der Tee aus Brennnesseln wird wegen seiner blutreinigenden Wirkung geschätzt und hilft wunderbar beim Entgiften. Die Brennnessel hat ihren festen Platz im Kräutergarten des Klosters. Eine zweiwöchige Brennnesseltee-Kur wird im Frühjahr zur Blutreinigung empfohlen.

Erdbeerblätter

Der Tee aus Erdbeerblättern wirkt blutreinigend und harntreibend. Pfarrer Kneipp rät, diesen Tee gemeinsam mit etwas Waldmeisterkraut zu trinken, das hebt sein Aroma. Waldmeister hat eine beruhigende Wirkung, auf die Seele genauso wie auf den Darm.

Erdbeerblättertee für sich schmeckt ein wenig leer, eine Kombination mit anderen Teesorten ist daher auch aus geschmacklichen Gründen zu empfehlen.

Erdbeere

Fenchel

Fenchel zählt zu den so genannten „eröffnenden" Heilpflanzen, er unterstützt also die Ausscheidung. Und zwar sowohl die der Bronchien, als auch jene des Magen- und Darmtraktes.

Gänseblümchen

Gänseblümchen wirken blutreinigend und eignen sich daher gut zur Unterstützung bei Fastenkuren. Wer selbst Gänseblümchen erntet, sollte das nur im Frühjahr tun. Dann entwickeln die kleinen Blumen ihre stärkste Kraft und das intensivste Aroma.

Hagebutte

Ein Früchtetee mit kräftig fruchtigem Geschmack, der reich an Vitamin C ist. Ein Zuviel an Hagebuttentee empfiehlt sich während einer Fastenkur nur deshalb nicht, weil der Tee eher säuerlich ist und in großen Mengen doch die basischen Tees vorzuziehen sind.

Hirtentäschel

Auch eine Pflanze, die Kneipp, der „Kräuterpfarrer", sehr empfohlen hat. Das Kraut mit den kleinen, weißen Blüten steigert die Darmbewegung und fördert so den Stuhlgang. Zwei bis drei Tassen am Tag gelten als ideal.

Hirtentäschel

Kräutertees unterstützen beim Fasten.

Kamille

Die Kamille wirkt ganz allgemein beruhigend, im Bereich der Seele genauso wie im Magen- und Darm-Bereich. Kamillentee sollte mit Maß getrunken werden. Nicht, weil eine größere Menge schädlich wäre, sondern damit sich der Körper nicht daran gewöhnt und die wunderbare Heilwirkung der Kamille im Ernstfall voll zum Tragen kommen kann.

Löwenzahn

Am Löwenzahn ist praktisch alles zu verwenden – die Wurzeln, die Blätter, die Blüten. Die größte Wirkung haben die ersten Pflanzen des Frühlings. Wenn Sie Lust haben, einmal von dieser vollen gelben Blüte zu kosten, werden Sie staunen, wie süß sie schmeckt. Löwenzahntee belebt den Stoffwechsel, reinigt und kräftigt den Verdauungsbereich und er wirkt auch erfrischend. Löwenzahntee kann auch in großen Mengen genossen werden.

Melisse

Der Tee aus Melisse (Zitronenmelisse) entwickelt ein ganz feines, zartes Aroma. Ein Kraut mit vielseitiger Wirkung – beruhigend, entspannend, aber auch stärkend und belebend. Ein Tee, den auch Hildegard von Bingen wärmstens empfohlen hat.

Melisse

„binsuga" (Bienensaug) nennt die Klosterfrau Hildegard von Bingen die Melisse und sagt: „Wer sie isset, wird gerne lachen, weil ihre Wärme die Milz angreift und das Herz dadurch freudig wird."

Orangenblüte

Der Tee aus Orangenblüten ist nicht ganz billig, aber durch sein sanftes blumiges Aroma schmeckt er wunderbar. Eine gute Alternative für alle, die sich mit den „richtigen" Kräutertees nicht so recht anfreunden können. Orangenblütentee hat auch eine beruhigende Wirkung und kann daher am Abend getrunken werden.

Pfefferminze

Pfefferminze

Den Tee mit dem kräftigen Geschmack lieben viele Menschen, die ansonsten Kräutertees gar nicht so gerne trinken. Pfefferminztee wirkt gut im Magen- und Darmbereich. Regelmäßiger Genuss von Pfefferminztee ist schädlich für magenempfindliche Menschen. Säuglinge und Kleinkinder dürfen wegen des Risikos von Erstickungsanfällen keinen Pfefferminztee oder andere Zubereitungen bekommen.

Ringelblume

Die schöne Gartenblume mit den gelb bis rötlichen Blüten gilt als reinigend. Dieser Tee kann auch gemeinsam mit dem Brennnesseltee getrunken werden.

Rose

Ein Tee aus Rosenblättern lässt sich ganz einfach zubereiten. Allerdings dürfen Sie nur ungespritzte Rosen dafür verwenden. Einige Blätter werden mit siedendem Wasser übergossen, dann soll der Tee etwa zehn Minuten ziehen. Die Farbe des Tees hängt von der Farbe der Blüten ab, der Geschmack ist fein und sanft-aromatisch. Der Rose wird eine sehr harmonisierende Wirkung nachgesagt – sie beruhigt und wärmt das Herz.

Salbei

Salbeitee ist von durchaus intensivem Geschmack, wirkt stark blutreinigend und auch schweißhemmend. Salbeiblättern wird eine starke verdauungsfördernde Wirkung zugeschrieben.

Veilchen

Veilchentee unterstützt die Reinigung der Haut von innen und hilft bei Nervosität und durch die beruhigende Wirkung auch bei Schlaflosigkeit. Veilchenblüten können mit Löwenzahn und Kamille gemeinsam bereitet werden, das ergibt einen gut schmeckenden Tee.

Und noch einige Teemischungen

Zur Beruhigung

Baldrianwurzel, Hagebutten, Melissenblätter und Lavendelblüten werden zu gleichen Teilen gemischt. Für eine Tasse rechnet man einen Teelöffel des getrockneten Krauts. Mit sprudelnd kochendem Wasser übergießen, zehn Minuten zugedeckt stehen lassen, abseihen und trinken.

Zur Entschlackung

Brennnessel, Ringelblume und Holunderblätter zu gleichen Teilen mischen. Einen Teelöffel davon mit einer Tasse sprudelnd kochendem Wasser übergießen, zehn Minuten ziehen lassen, abseihen und trinken.

Salbei

Ein „Fastentee" als Begleiter einer Diät

Brennnessel, Gänseblümchen, Löwenzahn und Veilchen zu gleichen Teilen mischen. Einen Teelöffel rechnet man für eine Tasse Wasser. Das Kraut mit sprudelnd kochendem Wasser übergießen, zehn Minuten zugedeckt ziehen lassen, abseihen und trinken. Von diesem Tee kann man morgens, mittags und abends je eine Tasse trinken, und zwar drei Wochen lang. Der Tee hilft beim Entschlacken.

Tipp:

Rotbuschtee unterstützt die Entschlackung.

Freunde des schwarzen Tees sollten einmal den „Rotbuschtee" versuchen. Diese afrikanische Teesorte, die aus den Stacheln des dornigen Rotbusches bereitet wird, enthält keine Gerbstoffe, ist von mildem Geschmack und erinnert dennoch ein wenig an den starken schwarzen Tee. Rotbuschtee gilt auch als Entschlackungstee. Seinem Verwandten, dem Honigbuschtee, wird diese Eigenschaft ebenfalls zugeschrieben.

Die Äbtissin Hildegard von Bingen (1098 – 1179) hat in ihren Schriften zur Natur- und Heilkunde viele Kräuter und deren Wirkungen beschrieben. Einige der Teemischungen, die die Benediktinernonne vor beinahe tausend Jahren empfohlen hat, werden heute im Handel angeboten. Besonders beliebt ist die „7-Kräuter-Mischung", die einen etwas bitteren Geschmack hat. Sie besteht aus Anis, Bibernell, Fenchel, Kümmel, Schafgarbe, Wermut und Wacholder.

Hildgard bevorzugte auch Galgant, eine braunrote Wurzel, die zu den Ingwergewächsen zählt. Galgantpulver nach Hildegard wird gerne zur Bereitung von Kräuterweinen verwendet und unterstützt die Tätigkeit von Magen und Darm; außerdem tut es dem Herzen gut.

Vom Fasten und von Fastenspeisen

Das Wort **„fasten"** hat in seinem Ursprung viel mit den christlichen Kirchen zu tun. Es ist bereits im Mittelhochdeutschen („vasten") und im Althochdeutschen („fastein") bekannt und leitet sich vom Adjektiv „fest" ab. Fasten bedeutete ursprünglich „festhalten, beobachten, bewachen", aber auch „fest bleiben, standhaft bleiben". Wenn die Christen der ostgotischen Kirche des fünften Jahrhunderts die Fastengebote ihrer Kirche einhielten, bekannten sie sich dadurch für alle sichtbar zu ihrem Glauben. „Fastan", so hieß ihr Fasten in der gotischen Sprache. Und bis heute ist es so, dass, wer an den Fastengeboten seiner Glaubensgemeinschaft festhält, für alle sichtbar zeigt, dass er dazugehört und seinen Glauben ernst nimmt. Ein Muslim, der sich den strengen Gesetzen des Ramadan unterwirft, genauso wie ein katholischer Christ, der sich am Karfreitag an die Speisengebote hält oder ein Jude, der Jom Kippur, den Versöhnungstag und größten Feiertag, durch strenges Fasten ehrt.

Fasten leitet sich von „standhaft bleiben" ab.

Fasten war in der jüngeren christlichen Kirche sehr wichtig, allerdings nicht von Anfang an. An zwei Tagen der Woche fasteten schon die ersten Christen. Sie hatten damit eine jüdische Sitte übernommen. Montag und Donnerstag waren die traditionellen Fasttage der frommen Juden. Es waren dies keine fest vorgeschriebenen Fasttage, sondern freiwillige Übungen, die als Zeichen besonderer Frömmigkeit galten. Die Christen entschieden sich für Mittwoch und Freitag als feste Fasttage. Der jungen christlichen Gemeinde war es wichtig, auch am Einhalten der Fasttage für alle sichtbar als Mitglieder ihrer Religion erkenntlich

Durch das Fasten zeigt man, dass man seinen Glauben ernst nimmt.

Priester aus dem Kloster Fruška Gora, Serbien

zu sein, daher entschied sie sich für „eigene" Fasttage. Die Auswahl der Tage wurde theologisch begründet – Mittwoch war der Tag, an dem Jesus gefangen genommen worden war, Freitag der Tag der Kreuzigung. Der Grund dahinter war aber sicher der, dass die christliche Religionsgemeinschaft ihre eigenen Strukturen aufbauen wollte – eigene Feiertage, eigene Fasttage, eigene Riten. Allesamt ganz nahe am Judentum, aber trotzdem anders. Besonders fromme Juden fasteten zum Beispiel auch am Freitag vor dem Sabbat, besonders fromme Christen am Samstag, als Vorbereitung auf den Sonntag. In manchen Gegenden kam es in diesen ersten Jahrhunderten auch zu einer Vermischung von christlichen und jüdischen Fastenbräuchen.

Im 3. Jahrhundert wurde das so genannte **Osterfasten** für Christen bindend vorgeschrieben, und zwar für alle Menschen, nur Schwangere und Kranke waren ausgenommen. Dauerte das Osterfasten anfangs nur zwei Tage, wurde es bald auf sechs Tage verlängert; die Tage unmittelbar vor dem Osterfest. An den ersten vier Tagen durfte man Brot, Salz und Wasser zu sich nehmen, am 5. und 6. Tag sollte völlig gefastet werden. Erst im 4. Jahrhundert wurde aus dem sechstägigen Osterfasten die 40-tägige Fastenzeit – die „Quadragesima", wie die Zeit lateinisch genannt wird. Die plötzliche und doch extreme Verlängerung dieser Fastenzeit hing eng mit dem Ende der Christenverfolgung und der dadurch immer größer werdenden christlichen Gemeinschaft zusammen.

Bis zur Regierungszeit des römischen Kaisers Diokletian (284 – 305) fanden immer wieder schreckliche systematische Verfolgungen der Christen statt. Die Gläubigen der jungen Gemeinschaft weigerten sich strikt, am Kaiserkult – dem Götzendienst, wie sie es nannten – teilzunehmen und wurden deswegen vom römischen Staat brutal verfolgt. In dieser Zeit war es tatsächlich lebensgefährlich, sich zur christlichen

Religion zu bekennen. Strenge äußere Vorschriften innerhalb der christlichen Religionsgemeinschaft waren daher nicht wirklich nötig. Wer damals Christ war, der nahm seinen Glauben ohnehin ernst. Christ sein war riskant genug. Unter Kaiser Konstantin (306 bis 337) wurde das Christentum zuerst zu einer mit allen zeitgenössischen Kulten gleichberechtigten und bald zur allein berechtigten Religion im Römischen Reich. Christ sein war nun nicht mehr staatsfeindlich, sondern staatskonform – und damit eine Bewegung für die breite Masse. Aus den vergleichsweise kleinen, verschworenen Gemeinschaften wurde eine große, für alle offene Bewegung. Für die vielen neuen Mitglieder, die jetzt unter ganz anderen Bedingungen zur Religionsgemeinschaft kamen, waren neue Regeln

San Antonio Fest, Brotsegnung, Tavira

nötig. Die unterdrückten Christen hatten sich völlig ihrem Glauben hingegeben und freiwillig in Fasten und Askese geübt. Die vielen neu Getauften erlebten die Religion nun einfacher und ohne Gefahr, sie bewegten sich wohl auch sorgloser im Glaubensleben und mussten daher öfter ermahnt und zu religiösen Übungen angeleitet werden. Unter anderem bekamen sie eine Reihe von Vorschriften präsentiert, die sie einhalten mussten. Darunter waren auch die verschärften Fastengesetze mit der 40-tägigen Fastenzeit vor dem Osterfest. Bereits im Jahr 334 ordnete der griechische Kirchenlehrer Athanasius, Bischof von Alexandrien, in seinem Festbrief zum Osterfest das 40-tägige Osterfasten an und wiederholt diese Forderung in den Jahren darauf immer wieder und sehr vehement.

Nun kann ein Mensch, der seiner Arbeit nachgeht, keine 40 Tage durchgehend fasten. Aber er kann Speisenvorschriften einhalten und sehr reduziert essen. Es kommt also in einer so langen Fastenzeit, wie der Theologe Ludwig Ziehen das in den 1930er Jahren plastisch erklärte, zu einem „Fasten in gemildertem Sinn, so dass wir sogar von Fastenspeisen sprechen". Ein derartiges Fasten mit „Fastenspeisen" bedeutet, so der Theologe weiter, „eine weitgehende Nahrungsenthaltung, die auf den größeren und wichtigsten Teil der sonst üblichen Nahrung wie Fleisch und Wein verzichtet".

Wie eine Fastenspeise bereitet wird, war und ist bis heute vom sozialen Stand, aber auch vom jeweiligen Kulturkreis abhängig. Es gibt hier eine Fülle an kargen, einfachen, aber auch köstlichsten Speisen, die in Fastenzeiten serviert werden – in kleinen Haushalten gläubiger Familien genauso wie in den Refektorien, den Speisesälen der Klöster. Nur eines ist den Fastenspeisen in den verschiedenen Religionen über die Jahrhunderte hinweg gemeinsam – sie müssen fleischlos sein.

Suppe, die Speise der Armen

Die Suppe gilt als klassische Fastenspeise. Für jemanden, der sich, wie es die kirchliche Vorschrift verlangt, „einmal am Tag sättigt", ist die Suppe eine ideale Mahlzeit. Suppenessen an Fasttagen hat daher im Kloster eine jahrhundertelange Tradition.

Wobei die Fastensuppen zumeist keine dünnen, klaren Suppen mit Einlagen waren, sondern eben sämig und gehaltvoll. Sie wurden oft aus einer Mischung von Gerste-, Hirse-, Weizen- oder Roggenkörnern bereitet und waren den Eintopfgerichten nicht unähnlich. Gerade in den kalten Monaten hatten diese Suppen neben ihrem Sättigungswert noch einen ungeheuren Vorteil – sie wärmten auch die hungrigen Mägen der Mönche und Nonnen.

„Das Frühstück der Landleute war gewöhnlich eine Suppe: Milchsuppe, Brotsuppe, Brennsuppe oder Kartoffelsuppe. Diejenigen, welche schwere Arbeiten hatten, wie Dienstboten und Knechte, bekamen Hafermus und Suppe oder auch Mus und Milch, auch Suppe und Milch."

Pfarrer Kneipp

Suppe gilt seit jeher als Speise der Armen. Vor allem in den bäuerlichen Haushalten war die Suppe wichtigster Bestandteil des Speiseplans. Sie sollte sättigend sein, möglichst dick, kalorienreich und magenwärmend. Ein Teller Suppe und ein Stück Brot, das war noch vor weniger als 100 Jahren für viele Menschen ein ausreichendes Mittagessen. Bis ins letzte Jahrhundert war Suppe auch fester Bestandteil des ländlichen Frühstücks – nahrhafte Getreide- oder Brotsuppen für die hart arbeitenden Mägde und Knechte, die feineren Milch-, Bier- und Weinsuppen für die „Herrenleute" und oft auch für deren Kinder. Wobei der tatsächliche Alkoholgehalt dieser Suppen recht gering war, da der so genannte Haustrunk verwendet wurde, ein sehr leichter, alkoholarmer Wein. Für den Haustrunk wurden die bereits einmal gepressten Trauben, die Trebern, in Wasser eingeweicht, stehen gelassen und danach noch einmal gepresst. Aus dieser Essenz wurde Wein bereitet, der allerdings minderwertig war und nur für den alltäglichen Gebrauch der Hausleute gedacht war. Nahrungsmittel wurden damals ja noch bis zum „letzten Rest" verwertet. Und so wurde aus steinhart gewordenen Brotresten Brotsuppe gekocht oder aus den zum Ende des Winters schon schrumpelig gewordenen Rüben, Kartoffeln und Karotten Gemüsesuppe. Wobei alle Zutaten stets schön weich gekocht wurden, bis eine dicke, sämige Masse entstanden war. Die Suppe sollte ja satt machen.

Bis heute hat sich die Suppe als Speise für Bedürftige erhalten. Hilfsorganisationen fahren im Winter durch die Großstädte und bieten den Obdachlosen „einen Teller Suppe" an – für viele Menschen die einzige warme Nahrung am Tag. Viele Klöster verköstigen Arme und Obdachlose regelmäßig mit „Klostersuppe", meist ist das eine Gemüsesuppe mit Kartoffel- oder Getreideeinlage. Früher wurde sie an der Klosterpforte ausgegeben, heute haben viele Klöster einen eigenen Raum, in dem Bedürftige ihr Essen einnehmen. Und während der österlichen Fastenzeit ist in vielen kirchlichen Organisationen die Einhaltung so genannter „Familienfasttage" Tradition geworden. Dabei wird an den Freitagen in der Familie statt einer „richtigen" Mahlzeit Suppe gegessen. Und der dadurch ersparte Geldbetrag für eine bestimmte soziale Einrichtung gespendet.

Das Kneipp-Kurhaus Marienkron in Mönchhof im österreichischen Burgenland wird von Zisterzienserinnen betrieben. 1955 wurde das Kloster nahe der ungarischen Grenze gegründet, die ersten Nonnen kamen aus Landshut in Bayern. Heute zählt Marienkron zu den führendsten Kneipp-Kuranstalten. Die meisten Menschen, die nach Mönchhof kommen, wollen auch ihr Gewicht reduzieren. Die Küche des Klosters bietet daher eine breite Palette von Diäten an. Die Wünsche der Kurgäste allerdings haben sich in den letzten Jahren verändert. War früher die SED – eine strenge Entschlackungsdiät zur Reinigung von Darm und Körper – am beliebtesten, so wird heute die 400-Kalorien-Diät bevorzugt. Die meisten Menschen ziehen also eine sehr reduzierte Kost einer strengen Fastenkur – denn das ist die Entschlackungsdiät – vor. Ein „bequemes Fasten" nennt das Äbtissin Rosaria.

Eine Mönchhofer Spezialität sind die Fastensuppen, die den Kurgästen serviert werden. Zumeist sind das Suppen aus Vollwertgetreide, die so lange gekocht werden, bis die Körner durch und durch weich sind und sich auflösen. „Dick und schleimig" nennt das die Köchin – klingt nicht sehr appetitanregend, die Suppen schmecken aber köstlich. Vielleicht auch deshalb, weil alle wirklich hungrig sind.

Im Stadtbrüderhaus von München konnten sich rüstige Münchner Bürger eine Pflegestelle kaufen, damit sie im Alter dort versorgt wurden. Eine frühe Form der Rentenvorsorge, sozusagen. Der Speiseplan in diesem Stadtbrüderhaus aus dem Jahr 1703 ist erhalten – zwei Mal am Tag gab es eine warme, sättigende Suppe.

Montag bis Donnerstag:

Mittags Suppe, Kalbfleisch und Kraut, dazu zwei Stück Brot.

Abends eine Suppe mit Gerste, darin Fleisch, dazu zwei Stück Weißbrot.

Am Freitag, dem Fasttag:

Mittags passierte Erbsensuppe mit hineingeschlagenen Eiern. Dazu Kraut und Brot.

Abends Wassersuppe, gekochte Apfelschnitze und Brot.

Auch die Schwestern des Klosters Marienkron essen diese Suppen oft mittwochs und freitags, an den traditionellen Fasttagen. „Suppenfasten" heißt das in Mönchhof – wenig essen, aber trotzdem eine warme Suppe zu sich nehmen, die den Magen füllt.

Einmachsuppe

(auch: Mehlsuppe)

Zutaten:

750 ml Wasser oder Gemüsebrühe, 60 g Mehl (z. B. Weizen-, Dinkel-, Gerste-, Buchweizenmehl), 50 g Butter, Salz, ev. Suppenwürze und fein gehackte Petersilie

Eine ganz einfache, fast klassische Fastensuppe, die jahrhundertelang in einfachen Haushalten auf den Tisch kam. Sie besteht im Grunde nur aus Mehl und Wasser und kann aus den verschiedensten Körnern zubereitet werden. Besonders wertvoll wird sie, wenn die Körner für das Mehl erst kurz vor der Zubereitung gemahlen werden.

Wer diese Suppe heute kocht, wird außer Mehl und Wasser doch noch einige andere Zutaten verwenden, damit sie auch schmeckt.

Zubereitung:

Butter in einem Topf zerlaufen lassen, das Mehl langsam einrieseln lassen und dabei kräftig umrühren, bis eine goldgelbe Mehlschwitze entsteht. Mit Gemüsebrühe oder Wasser ablöschen, gut aufkochen lassen und würzen. Die Einmachsuppe muss immer gut umgerührt werden, damit keine Klümpchen entstehen.

„Die Brennsuppe wird also bereitet: Gesundes Mehl wird in einer Pfanne geröstet wie Kaffeebohnen, nur nicht so braun, dann mit Wasser gekocht. Nimmt man Brot dazu, so hat man ein kräftiges, nahrhaftes Frühstück. Besonders wurde diese Suppe aus Hafermehl bereitet, und sie wurde stets für die vorzüglichste Nahrung gehalten."

Pfarrer Kneipp

Die fertige Suppe wird mit fein gehackter Petersilie bestreut.

Tipp: Für eine feinere Variante dieser Suppe wird zuerst eine klein gehackte Zwiebel angeröstet, dann erst das Mehl beigegeben.

Hildegard von Bingen empfahl für diese Suppen die Verwendung frisch gemahlenen Dinkelmehls. „Dinkel", so sagte sie, „heilt von innen heraus wie eine gute, heilkräftige Salbe". Auch solle man, „des Wohlgeschmacks wegen 1 Eigelb beifügen." Ins heutige Küchendeutsch übertragen heißt das: Die fertige Suppe mit einem Eigelb legieren.

Brennsuppe

Pfarrer Kneipp empfiehlt oft die „Brennsuppe". Das Klosterkochbuch von Wörishofen aus 1892, ein „praktisches Kochbuch im Sinne Kneipps, an der Hand des hochwürdigen Herrn Pfarrers zusammengestellt von einigen Schwestern des Dominicanerinnenklosters in Wörishofen" beschreibt die Bereitung der Brennsuppe:

Nimm für sechs Personen 50 Gramm Butter oder Schmalz, lass es heiß werden, schütte Mehl darein, soviel es annimmt, röste es hellbraun, gib dann fein geschnittene Zwiebeln und etliche ganze Nelken dazu; dann gieße unter beständigem Rühren langsam heißes Wasser nach, salze die Suppe und lass sie dreiviertel Stunden lang kochen; dann richte sie über würfelförmige Bröcklein an.

Grünkerncremesuppe

Zutaten:

100 g Grünkern (Getreidekörner),
1 l Gemüsebrühe (oder Wasser mit Suppenwürze),
1 Eigelb,
1/8 l Sauerrahm (saure Sahne),
1 Esslöffel Butter,
2 Esslöffel gehackte Kräuter (Petersilie, Kerbel oder Kräuter der Saison)

Zum Bestreuen:
200 g Vollkornbrot in Würfel geschnitten, in etwas Butter geröstet

Diese Suppe ist eine moderne Variante der alten Einmachsuppe und zeigt, wie man einfache Rezepte verfeinern kann.

Zubereitung:

Körner in der Getreidemühle nicht zu fein mahlen. Gemüsebrühe zum Kochen bringen und das Mehl mit einem Schneebesen einrühren. Zwei Minuten kochen lassen, dann Flamme abdrehen, Suppe zudecken und 15 Minuten nachziehen lassen, aber von Zeit zu Zeit umrühren. Das Eigelb wird mit dem Sauerrahm gut verquirlt und in die überkühlte Suppe eingerührt. Ein Esslöffel Butter in die Suppe geben, das rundet den Geschmack ab.

Die Suppe mit gehackten Kräutern und den in Butter gerösteten Vollkornbrotwürfeln bestreuen und servieren.

Wurzelbrühe

wird in der modernen Klosterküche von Wörishofen, die das Kneipp-Kochbuch neu überarbeitet und für heutige Ansprüche verändert hat, bereitet.

Zubereitung:

Das Suppengrün gut waschen und in grobe Stücke schneiden. Zwiebel mit einem Tuch gut abwischen, danach in der Mitte auseinander schneiden. Öl oder Butter in einem Topf erhitzen, die beiden Zwiebelhälften mit der flachen Seite im Fett kurz anrösten, Gemüsestücke zugeben und etwas mitrösten. Danach mit Wasser aufgießen, Gewürze beifügen und die Suppe eine Stunde lang auf kleiner Flamme kochen lassen. Danach abseihen und eventuell noch nachwürzen.

Die Wurzelbrühe – Gemüsebrühe – wird als fleischlose Alternative zur Rindsuppe weiterverwendet.

Zutaten:

30 g Fett,
Suppengrün (je ein Stück Karotte, gelbe Rübe, Sellerie, Lauch, Petersilienwurzel), 1 Zwiebel,
1 Knoblauchzehe,
1 1/2 – 2 l Wasser,
etwas Salz,
einige Pfefferkörner,
1 Lorbeerblatt,
2 Esslöffel Öl oder Butter

Erbsensuppe

(Erbsenbrühe oder Fastenbrühe)

Die Erbsensuppe wurde früher speziell für die Fasttage bereitet und als fleischlose Alternative zur Rindsuppe verwendet – für Suppen oder zum Aufgießen diverser Speisen.

„Gerade die armen Leute nährten ihre Kinder viel mit Erbsensuppe und Erbsenbrei. Sowohl mittags als auch abends wurde Erbsensuppe aufgesetzt. Fast noch mehr wurde Gerste geschrotet und zur Suppe verwendet."

Pfarrer Kneipp

Für die Erbsenbrühe wurden die Erbsen gemeinsam mit einigen Karotten und gelben Rüben völlig ausgekocht und danach nicht weiterverwendet.

Erbsencremesuppe

Zutaten:

200 g getrocknete Erbsen,
1 Stange Lauch,
1 Karotte,
1 gelbe Rübe,
1 Petersilienwurzel,
1 Sellerieknolle,
Wacholderbeeren und Pfefferkörner,
Salz, eventuell Muskat

Die Suppe soll passiert werden, daher sollten die Gewürzkörner in einem Säckchen mitgekocht werden, das dann vor dem Passieren herausgenommen wird.

Zubereitung:

Die Erbsen in reichlich kaltem Wasser einweichen und einige Stunden stehen lassen (am besten schon am Vortag). Danach das Wasser abseihen, die Erbsen in einen Kochtopf geben und etwa 1 1/2 l kaltes Wasser zugießen. Das Gemüse waschen, putzen und dazugeben. Gewürze beifügen. Alles aufkochen und auf kleinster Stufe langsam kochen lassen, bis die Erbsen ganz weich sind. Das Säckchen mit den Gewürzen herausnehmen und die Suppe passieren.

Zur Erbsencremesuppe reicht man Schwarzbrot oder gibt in Fett geröstete Brotstücke auf die Suppe.

Brotsuppe

Zubereitung:

Brot grob zerkleinern, in einen Topf geben, mit 1 l kaltem Wasser oder Gemüsebrühe aufgießen, Gewürze beifügen und aufkochen. Auf kleinster Flamme sanft kochen lassen, bis das Brot zerfällt. Dabei immer wieder gut umrühren. Suppe abdrehen und etwa eine halbe Stunde lang stehen lassen, damit sie nachzieht und ein wenig überkühlt. Nun die Suppe passieren oder pürieren, abschmecken und eventuell nachwürzen. Die Brotsuppe kann mit in Fett gerösteten Zwiebelringen bestreut und serviert werden.

Zutaten:

etwa 300 g altbackenes Brot, am besten Vollkornbrot, 1 Teelöffel Salz, etwas Pfeffer, 1 l Gemüsebrühe (oder Wasser und Suppenwürze)

auf Wunsch: 1 Zwiebel, Öl zum Anrösten

Kartoffelsuppe

Die Kartoffelsuppe ist eine der klassischen Fastenspeisen.

Zubereitung:

Kartoffeln schälen und in Würfel schneiden. Zwiebel fein hacken oder Lauch waschen, putzen und in Ringe schneiden. Öl in einem Topf erhitzen, Zwiebel oder Lauch goldgelb anrösten. Die Kartoffelwürfel kurz mitrösten, das Mehl einrühren, gut durchschwitzen lassen, mit Flüssigkeit aufgießen, Gewürze beigeben und langsam kochen lassen, bis die Kartoffeln weich sind.

Tipp: Verfeinert wird die Kartoffelsuppe durch die Beigabe von geschnittenen Champignons. Diese werden aber erst kurz bevor die Kartoffeln weich sind in die Suppe gegeben. Auch ein Esslöffel Butter, am Schluss eingerührt, verbessert den Geschmack.

Zutaten:

750 ml Gemüsebrühe (oder Wasser mit Suppenwürze),
500 g mehlige Kartoffeln,
1 – 2 Esslöffel Öl,
1 Zwiebel oder
2 Stangen Lauch,
1 Esslöffel Mehl,
Salz, Pfeffer,
Majoran,
1 Lorbeerblatt

Kräutersuppe

Zutaten:

40 g Butter,
40 g Mehl, Salz,
750 ml Gemüsebrühe (oder Wasser mit Suppenwürze),
1 – 2 Schalotten oder kleine Zwiebeln,
Salz, Pfeffer,
1/8 l Sauerrahm (saure Sahne),
ein Eigelb, einige Esslöffel fein gehackte Kräuter je nach Saison:
Petersilie, Kerbel, Liebstöckl, Dille, Schnittlauch

Für die Kräutersuppe bereitet der Koch des Stiftes Geras eine „cremige Grundsuppe", der er dann die Kräuter der Saison aus dem stiftseigenen Garten beifügt.

Zubereitung:

Schalotten oder Zwiebeln schälen und fein hacken. Butter in einem Topf zerlaufen lassen, Schalotten (oder Zwiebel) goldgelb anrösten und danach mit Mehl bestäuben. Mehl gut durchschwitzen lassen, Gemüsebrühe darüber gießen, Salz und Pfeffer beigeben und die Suppe etwa 10 Minuten auf kleinster Stufe gut köcheln lassen. Danach von der Flamme nehmen, zudecken und 10 Minuten nachziehen lassen. Das Eigelb mit dem Sauerrahm gut verquirlen und in die Suppe einrühren. Nun die gehackten Kräuter beifügen. Die Suppe kann mit gerösteten Brotwürfeln garniert werden. Oder es werden Dinkelweckerl dazu gereicht.

„Gerade die Kartoffelsuppe ist nicht bloss wegen ihrer ausserordentlich guten Nährstoffe zu empfehlen, sondern auch weil sie sehr wohlfeil und leicht zu bereiten ist."

Pfarrer Kneipp

Gemüsecremesuppe

Die Bereitung dieser Suppe ist einfach. Gemüse der Saison wird geputzt, in Stücke geschnitten, gemeinsam mit Gewürzen in Wasser weichgekocht und danach passiert. Auf Wunsch kann die Suppe dann mit 1 – 2 Löffeln Sauerrahm (saurer Sahne) verfeinert werden. Für Gemüsecremesuppen eignen sich zum Beispiel Karotten, Zucchini, Sellerie, Fenchel, Karfiol, Brokkoli oder auch eine Mischung von zwei oder drei Gemüsesorten. Die fertige Suppe kann mit gerösteten Brotwürfeln garniert werden.

Tomatencremesuppe

Ein weiterer **Tipp** für „Resteverwerter":

Übrig gebliebenen Tomatensalat in ein Sieb schütten und gut abtropfen lassen. Danach in einen Topf geben, gut mit Wasser bedecken und ohne Zugabe von Gewürzen leicht kochen lassen, bis Tomaten und Zwiebel gut weich sind. Nun wird diese Masse passiert oder püriert. Die so entstandene Tomatencremesuppe kann mit ein bis zwei Esslöffeln Sauerrahm (saurer Sahne) verfeinert werden. Ein Nachwürzen ist in den meisten Fällen nicht nötig.

Kartoffelcremesuppe

Lebensmittel werden nicht weggeworfen, schon gar nicht in Fastenzeiten. Das war ein eiserner Grundsatz aller Klosterküchen. Und so wurde übrig gebliebenes Kartoffelpüree am nächsten Tag mit Gemüsebrühe aufgegossen, einmal gut durchgekocht und durchgequirlt, eventuell nachgewürzt und als Kartoffelcremesuppe serviert.

Knödelsuppe

Zutaten:

3 – 4 alte Semmeln, 1 kleine Zwiebel, 1 – 2 Esslöffel Öl, 1 Eigelb, Salz, Pfeffer, 3 Esslöffel Vollkorngrieß, Semmelbrösel (Paniermehl) nach Bedarf, eventuell 2 Esslöffel gehackte Kräuter

Für die Suppe: 750 ml Gemüsebrühe

Zur Verarbeitung von alt gewordenem Gebäck eignet sich diese Suppeneinlage vorzüglich.

Zubereitung:

Die Semmeln kurz in kaltem Wasser einweichen. Zwiebel schälen und fein hacken, in Öl goldgelb anrösten. Semmeln fest ausdrücken, so dass sie zwar feucht, aber keinesfalls voll Flüssigkeit sind, und mit der gerösteten Zwiebel vermischen. Eigelb und Gewürze beigeben, gut verrühren. Vollkorngrieß untermengen und die Masse zehn Minuten stehen lassen. Wenn die Masse zu weich ist, ein wenig Semmelbröseln dazugeben. Wasser in einem Topf zum Kochen bringen. Aus der Semmelmasse kleine Knödel formen, ins kochende Wasser einlegen, Flamme zurückdrehen und zehn Minuten ziehen lassen.

In der Zwischenzeit die Gemüsebrühe erwärmen. Knödel aus dem Kochwasser nehmen und in die Suppe einlegen. Vor dem Servieren eventuell mit gehackten Kräutern bestreuen.

Haferschleimsuppe

Schleimsuppen kennt auch die Klosterküche von Wörishofen.

Der Name klingt nicht einladend, die Suppe aber schmeckt großartig. Für Schleimsuppen aller Art werden verschiedenste Körner (z. B. Reis, Gerste, Hafer) gut und lang in Wasser gekocht, danach durch ein Sieb gestrichen, gewürzt und serviert. Schleimsuppen sind ideale Suppen für Fastenzeiten, weil sie den Magen nicht belasten und sättigend sind.

Zutaten:

100 g Hafergrütze oder Haferflocken, 750 ml Gemüsebrühe (oder Wasser mit Suppenwürze), etwas Salz

Zubereitung:

Hafergrütze oder Haferflocken werden in die noch kalte Gemüsebrühe eingerührt, gesalzen und zum Kochen gebracht. Auf kleiner Flamme kochen, bis die Grütze (Flocken) weich ist. Danach durch ein Sieb streichen und servieren.

Für die Bereitung von Reisschleimsuppen rechnet man etwa 120 g Reis, für Gerstenschleimsuppe ebenfalls 120 g Gerste. In beiden Fällen werden die ganzen Körner vorher eine Stunde lang in Wasser eingeweicht. Dieses Einweichwasser wird danach nicht weggeschüttet, sondern weiterverwendet. Die Körner werden gekocht, bis sie weich sind, und danach durch ein Sieb gestrichen.

Fastensuppen aus einem alten Klosterkochbuch:

Wein-Suppe

Gib in einen 1/2 Maß großen Topf eine Messerspitze voll Mehl, 4 Eierdotter und einige Löffel voll Obers, rühre es fein ab, gib ein Großseitel Wein, mit einem Stück Zimmt und 6 Loth Zucker wohl verkocht, hinein, sprudle ihn und wenn er zu steigen anfängt, so richte ihn an.

Linsensuppe

Zutaten:

120 g Linsen,
1 Zwiebel,
1 – 2 gelbe Rüben,
Butter oder Öl zum Anrösten, etwas Salz und Pfeffer,
1 Lorbeerblatt,
1 Esslöffel guter Essig,
750 ml Gemüsebrühe (oder Wasser mit Würze),
ev. 1 – 2 Esslöffel Sauerrahm (saure Sahne)

Zubereitung:

Zwiebel fein hacken, die gelben Rüben putzen und würfelig schneiden. Butter in einem Topf zerlaufen lassen, Zwiebel und Rüben etwas anrösten. Die Linsen beigeben, mit Wasser aufgießen, Gewürze beifügen und kochen, bis die Linsen weich sind. Lorbeerblatt herausnehmen und die Suppe mit einem Löffel Essig geschmacklich abrunden. Die fertige Linsensuppe kann auch mit etwas Sauerrahm verfeinert werden.

Dazu ein **Tipp** vom Küchenchef der Augustiner Chorherrn in Klosterneuburg:

„Verrühren Sie den Sauerrahm mit etwas Senf, das gibt der Suppe eine pikante Abrundung."

Admonter Klostersuppe

Ein Rezept aus dem Klosterkochbuch des Stiftes aus der Zeit des Barock

Zutaten:

1 l Wasser,
250 g Sauerrahm (saure Sahne),
250 g Jogurt, 100 g Mehl, Salz, Pfeffer,
1 Lorbeerblatt, einige Wacholderbeeren,
ev. Suppenwürze

Zubereitung:

Das Wasser und die Gewürze zum Kochen bringen. In einem großen hohen Gefäß Jogurt und Sauerrahm gut verrühren, das Mehl dazugeben und verquirlen, bis die Masse ziemlich glatt ist. Nun wird diese Mischung in die kochende Flüssigkeit eingerührt und soll einmal gut aufkochen.

Überkühlen und durch ein Sieb laufen lassen, eventuell nachwürzen und servieren.

Schärdinger Käsesuppe

Eine Spezialität vom Küchenchef des Kneipp-Gesundheitszentrums der Barmherzigen Brüder in Schärding am Inn

Zubereitung:

Butter in einem Topf zerlaufen lassen, Mehl dazugeben, gut durchschwitzen, sodass eine helle Einmach entsteht. Mit Milch aufgießen, Gemüsebrühe zugeben und nun den Schmelzkäse, das Knödelbrot und den Weißwein beigeben. Salzen und Pfeffern, aufkochen lassen und gut durchrühren. Die fertige Suppe mit dem Sauerrahm vollenden. Vor dem Servieren gehackte Kresse über die Suppe streuen.

Zutaten:

120 g Schmelzkäse, 30 g Butter, 30 g Mehl, 400 ml Milch, 600 ml Gemüsebrühe, Salz, Pfeffer, 2 Esslöffel Weißwein, 3 Esslöffel Knödelbrot, etwas Kresse, 1 Esslöffel Sauerrahm (saure Sahne)

Fastensuppen aus einem alten Klosterkochbuch:

Schwammengerste (Pilzgerste) in der Fastensuppe

Siede 1 Seitel gerollte Gerste weich, schütte etwas Essig daran, schneide grüne Petersilie und gedörrte oder frische Pilzling fein zusammen, dünste sie recht gut in Butter. Wenn die Gerste gesotten ist, so siede die gedünsteten Schwämme darein, lege etwas Muskatblüthe daran und richte es dann an.

Aus dem Kochbuch „Die Klosterküche von Wörishofen" aus 1892, einem „praktischen Kochbuch im Sinne Kneipps":

Biersuppe

Nimm für zwei Personen drei Viertelliter braunes Bier und 50 g Zucker, lass dieses gut sieden, dann rühre mit einem halben Löffel voll Wasser und einem Löffel voll gestoßenem Zucker zwei Eigelb schaumig ab, schütte unter beständigem Umrühren das siedende Bier daran und richte es über würfelförmig geschnittene Bröcklein an.

Fastenspeisen und Leckerbissen – Gegensätze, die doch zusammengehören

„Hunger macht Bohnen zu Mandeln", sagt ein Sprichwort aus dem späten Mittelalter und 500 Jahre später lässt der Dichter Bertolt Brecht die beiden Flüchtlinge Ziffel und Kalle in den „Flüchtlingsgesprächen" den Satz sagen: „Wir brauchen nicht den Appetit. Wir haben den Hunger." Erst wer genug zu essen hat, kann also wählerisch sein. Und vor gar nicht allzu langer Zeit hatten auch in unserem Kulturkreis viel zu viele Menschen wenig zu essen und ernährten sich daher ganz einfach und sparsam.

Aus einem handgeschriebenen alten Kochbuch von 1896:

Fastensuppe, gute

1 Liter Wasser, 1 kleine Zwiebel, 1 Kartoffel, 1 Kohlrübe und Kohl. Letzterer wird sehr klein geschnitten und das Ganze zirka 3/4 Stunden lang gekocht. Eine schöne gelbe Einbrenn mit Butter und grüner Petersilie wird kalt aufgegossen und in die Suppe geschüttet. Dies alles wird noch 1/4 Stunde lang gekocht und mit gerösteten Semmelschnitten angerichtet.

Noch um 1900 kamen in den meisten bäuerlichen und proletarischen Familien **Hafer- oder Roggenbrot** und **dicke Einmachsuppen** tagtäglich auf den Tisch, grobfasriges Gemüse wurde so lange gekocht, bis es beinahe zu Brei wurde und dann reichlich mit

Mehl versetzt, damit die Speise auch nahrhaft war. Dazu gab es Kartoffeln, kaum Fleisch und schon gar keine Würste. Der Hirsebrei als Volksnahrung war über einige Jahrhunderte so alltäglich, dass er immer wieder in Märchen und Geschichten auftauchte.

Wer in das Land der unbegrenzten Nahrung, ins Schlaraffenland, gelangen wollte, musste sich erst einmal durch einen Berg von Hirsebrei durchessen. Der Verzehr einer solchen Menge Hirsebreis galt als schwere Aufgabe und das kann wohl auch als Hinweis darauf gesehen werden, dass dieser Brei nicht besonders großartig geschmeckt haben wird. Wurde er für die Armen ja tatsächlich nur aus Hirse, Wasser und einer Prise Salz bereitet; nur wer es sich leisten konnte, verbesserte ihn mit Milch und süßte ihn mit etwas Honig. Wenn jemand also tagein tagaus derart kärgliche Nahrung zu

sich nimmt, dann sind Fastenspeisen für ihn kein Thema. Ein gewisses Maß an „Wohlhabenheit" muss schon vorausgesetzt werden, wenn eine Fastenspeise zubereitet wird.

Schließlich geht es ja auch um ein bewusstes Einschränken, ein Verzichten auf Köstlichkeiten, die in den Nicht-Fastenzeiten gerne auf dem Mittagstisch stehen. Wenn das ganze Jahr ohnehin kaum Fleisch auf den Tisch kommt – worauf sollte man da schon verzichten?

Aber je wohlhabender jemand war, umso besser und sogar raffinierter waren auch die Fastenspeisen. „Erst wenn es genügend zu beißen gibt, differenziert sich der Geschmack und Tafelluxus kommt auf," sagt der Literaturwissenschaftler Herbert Heckmann.

Und dem Luxus der Fastenspeisen wurden fast keine Grenzen gesetzt. So manche Beschreibung einer „Fastentafel" an Adelshöfen im Lauf der Jahrhunderte macht Staunen, wie dehnbar der Begriff Fastenspeise schon immer war.

Am Hofe von Ludwig XIV. von Frankreich, dem „Sonnenkönig", waren Speisen von großer Bedeutung, da der König viel und beinahe ständig aß. An einem Fasttag wurde bei Hof naturgemäß kein Fleisch gereicht, aber schon allein die Vorspeisen zeigen, wie reichlich da getafelt wurde:

***Suppen:** ein Karpfen in der Größe zweier Daumen; hundert Flusskrebse; eine Milchsuppe*

***Kleine Suppen:** zwei Schildkröten; eine Kräutersuppe*

***Zwei kleine Vorspeisensuppen:** eine Seezunge; Ragout aus Gemüse und Fleisch mit Wasser zubereitet*

***Vorspeisen:** ein großer Hecht; vier Forellen in der Größe von vier Daumen*

***Kleine Vorgerichte:** drei Barsche; vier mittelgroße Seezungen*

***Vier Gerichte als Vorspeisen:** zwei Barsche; zwei Seezungen; hundert Austern; sechs Meerdrachen*

(Quelle: Johannes Kunisch, „Die Einsamkeit des Königs an der Tafel. Das öffentliche Herrschermahl Ludwigs XIV." Aus: Speisen, Schlemmen, Fasten. Eine Kulturgeschichte des Essens. Insel Verlag Frankfurt 1993)

Schon früh sind kuriose Diskussionen darüber zu lesen, welche Lebensmittel als Fastenspeisen gelten und welche nicht. Auch kirchliche Würdenträger beschäftigten sich intensiv mit der Frage, was an Fasttagen gegessen werden dürfe. So setzte sich Kardinal Francesco Maria Brancaccio in einer Schrift aus dem Jahr 1664 mit dem Konsum von heißer Schokolade, einem edlen und sehr beliebten Getränk an den Tafeln der adeligen Höfe auseinander.

In der Frage, ob der Kakao zur Fastenzeit getrunken werden darf, kommt der Kardinal zu dem Schluss: „liquidum non frangit jejunium" – „Flüssiges bricht Fasten nicht." Somit durfte die Schokolade, wenngleich äußerst wohlschmeckend, süß und gehaltvoll, auch an Fasttagen genossen werden.

In den Klöstern wurde bereits zur Zeit der Kreuzzüge, als eine Fülle an Gewürzen nach Europa gebracht wurde, an Fasttagen Marzipan gereicht. Der heilige Thomas von Aquin (1225 – 1274), ein Kirchenlehrer von ungeheurer Breite (er wog an die 300 Pfund) muss diese orientalische Köstlichkeit sehr geliebt haben, denn er erklärte, dass „solch verzuckerte Gewürze das Fasten nicht brechen" würden. Grundsätzlich hatte ja Papst Gregor der Große bereits im Jahr 590 festgelegt, dass an Fastentagen der Verzehr „warmblütiger Tiere" den Gläubigen nicht gestattet war und fromme Christen nur eine Mahlzeit am Tag zu sich nehmen sollten. Aber schon damals galt offenbar der bis heute gültige Spruch, dass jedes Gesetz dazu da sei, umgangen zu werden. Eine Mahlzeit am Tag, das hieß in vielen Fällen schon bald nicht „eine Speise",

Fasten-Mittagstafel für das herrschaftliche Haus, zusammengestellt von Katharina Prato, Edle von Scheiger, im Jahr 1858:

Gestoßene Fischsuppe
Forellen mit Aspik
Holländische Eierspeise
Gebratener Fisch mit Karfiol
Spinat mit Coteletten von Froschkeulen
Spanischer Scheiterhaufen
Prophetenkuchen
Kleines Backwerk
Pomeranzenspalten
Käse

sondern „eine Menüabfolge" und war so ausreichend bemessen, dass die derart Genährten mit dieser „einen Mahlzeit am Tage" vollends genug hatten.

Über das üppige Essen der Christen in den Fastenzeiten ist unter kritischen Zeitgenossen immer wieder spöttisch berichtet worden. Vor allem die Wiener Katholiken dürften, glaubt man den Berichten von Reisenden des 18. und 19. Jahrhunderts, ziemlich ausufernd „gefastet" haben. Vom Verzehr faschierter Krebse, fetter Karpfen und mit Sardellen gespickten saftig gebratenen Aalen wird da erzählt. Gegessen wurde also reichlich, Hauptsache es kam kein Fleisch auf den Tisch.

Allerdings hatte man beim Verzicht auf Fleisch von „warmblütigen Tieren" bald merkwürdige Schlupflöcher gefunden und neben den vielen Fischen, Schnecken, Muscheln, Krebsen und Austern kamen auch Schildkröten, Frösche und sogar Fischotter und Biber auf die Tische der Fastenden. In Klöstern übrigens genauso wie in den Herrschaftshäusern und großbürgerlichen Häusern.

Dass die Klosterbrüder auch gutem und reichlichem Essen herzlich zugetan waren – über Klosterschwestern wird im kulinarischen Bereich nur sehr wenig berichtet – hat immer wieder Lästerzungen zu deftigen Äußerungen inspiriert.

Der berühmte Wiener Hofprediger des Barock, Abraham a Sancta Clara hat eine seiner Predigten der Fress- und Trinklust seiner Schäfchen gewidmet.

Ein Fastenessen für die Abendtafel – das Souper – im großbürgerlichen Haushalt empfiehlt die Herrschaftsköchin Elisabeth Stöckl in ihrem Kochbuch, das vor rund hundert Jahren zum ersten Mal erschienen ist:

Fischmayonnaise

Gebackener Karpfen mit französischem Salat

Spanische Apfeltorte

Obst – Käse

Der hagere Mönchspriester vom Orden der Bloßfüßigen Augustiner (Augustiner Eremiten) war ein gebürtiger Schwabe und hat seine Predigten, zu denen die Leute von weit her kamen und die auch aufgeschrieben und veröffentlicht wurden, in blumiger Sprache, voll von prallen Vergleichen, gehalten.

Und so scheut er in seiner Predigt über die so gar nicht asketisch lebenden Christen, die den Tag über Speisen „einschieben", auch nicht den Seitenhieb auf seine geistlichen Brüder, nennt sie „Klosterkatzen", die große Lust an guten Braten haben anstatt auf einfache Kost.

Und doch wurden in vielen Klöstern die Fastenzeiten auch sehr streng eingehalten, in einem Ausmaß, das man den einfachen Christen nie zugemutet hätte. Während der vierzigtägigen Fastenzeit zum Beispiel fasteten manche Mönche und Nonnen freiwillig fünf Tage jeder dieser Wochen, Samstag und Sonntag aßen sie ein wenig. Oder sie fasteten jeden zweiten Tag dieser vierzig Tage. Wobei fasten hieß, sich bis zum Abend jeglicher Speisen zu enthalten. An jenen Tagen, an denen die Mönche Fastenspeisen zu sich nahmen, aßen sie Brot, Salz, Gemüse, Kräuter und getrocknete Früchte und tranken Wasser.

Rezepte für „Fastentiere" aus alten Kochbüchern

Fischotter und Biber

Gedünstet. Nachdem die Haut abgezogen und das Thier zu Stücken geschnitten und eingesalzen ist, dünstet man diese mit Butter, Wurzeln, Gewürz und Limonischalen, macht eine braune Sauce, die man mit Erbsenbrühe vergißet, mit Limonensaft säuert und nachdem sie passiert ist, mit dem Fleische noch kochen lässt.

Gebraten. Ein Schlegel oder anderes Stück vom gebeizten Biber wird mit Sardellen gespickt und beim Braten mit Butter, Beize, Rahm und Limonensaft begossen und diese Sauce mit Kapern aufgekocht.

Fischreiher

Man überkocht den Reiher mit Wasser und Essig, schüttet den Sud aber weg, damit sich der unangenehme Geschmack verliert, bereitet ihn weiter wie eine Wildente und säuert die Sauce mit Limonensaft.

Für viele Mönche war die vegetarische Kost das ganze Jahr über Alltag, nur Kranke erhielten Fleisch und Fleischsuppen zur Kräftigung.

Von den Klöstern ging auch der Gedanke aus, sich während der Fastenzeiten wenn schon, dann ganz einfach zu ernähren. Als wäre man einer der „Geringsten", also der Ärmsten. So als könne man es sich auch finanziell nicht leisten, mehr als eine einfache Speise, ein paar gekochte Kartoffeln, eine Getreidesuppe oder ungesüßten Hirsebrei zuzubereiten. Und oftmals wurden die durch diese karge Nahrung ersparten Gelder an die Armen weitergegeben – ein frühes Zeichen von Solidarität mit denen, die nichts oder sehr wenig haben. Ein Fastengedanke, der bis heute von vielen sozial Engagierten verschiedenster Religionen gepflegt wird. Fastenspeisen sollen einfachste Speisen sein, nicht nur, weil gefastet werden soll, sondern auch, weil die Wohlhabenderen sich wieder darauf besinnen wollen, wie das Einfache schmeckt. Und weil sie erkennen können, mit wie wenig manche Familie auskommen muss.

„Friss Milch, friss Käs, friss von der Kuh
Was deinem Maul mag schmecken,
Schieb ein, schopp darauf, schnapp immerzu,
Schlick Semmeln, Kipfel und Wecken.
Brauch Löffel wie ein Wasser-Schaff
Auf dass du füllst dein Wampen;
Friss, dass nit mehr kannst sagen Pfaff
Vor Schmacken, Schlicken, Schlampen.....
Machs wie die Klosterkatzen,
Die fressen Brätl spat und fruh
Anstatt der Mäus und Ratzen."

„Körndlkost" und Reisspeisen

Vor beinahe tausend Jahren hat Hildegard von Bingen, die berühmte Benediktinernonne, gelebt. Eine unbequeme Frau war sie, direkt, ehrlich, unerschrocken, voll Engagement und Humor, eine Prophetin und eine Visionärin und die wohl berühmteste deutsche Frau im gesamten Mittelalter. Im Sommer 1098 wurde sie als jüngste Tochter des Grafen von Böckelheim geboren, 1179 ist sie im Kloster Ruppertsberg gestorben.

Bereits als junges Mädchen soll ihr zum ersten Mal das widerfahren sein, was sie selbst als „Schau" bezeichnet hat – sie durfte einen Blick tun in eine andere Welt, in ein anderes Bewusstsein; sie hatte eine Vision. Schon als Kind lebte sie im Kloster, mit 16 Jahren wurde sie Nonne. Hildegard war eine umfassend gebildete Frau, sie hatte großes Wissen in der Natur- und Heilkunde, sie schrieb ihre Gedanken nieder, ihre Gebete, sie komponierte Lieder. Sie war ein wacher, offener Mensch, der sich für all das interessierte, was zu diesem Leben gehört. Und für vieles mehr. Alles, was sie sah und erlebte, war für sie ein Spiegel der göttlichen Liebe.

Hildegard von Bingen

„Wenn ich mit offenen Augen betrachte,
Was du, mein Gott, geschaffen hast,
besitze ich hier schon den Himmel.

Ruhig sammle ich im Schoß
Rosen und Lilien und alles Grün,
während ich deine Werke preise."

Die Komponistin und Autorin Hildegard ist weit weniger berühmt als die heilkundige Frau, die ihre eigene „Krankheitslehre" geschaffen und viele Pflanzen und deren Wirkungen sehr genau beschrieben hat. Heute ist Hildegard von Bingen vor allem als frühe Spezialistin der gesunden Ernährung bekannt.

Zwei Klöster hat Hildegard gegründet, Ruppertsberg bei Bingen und später für 30 Benediktinerinnen das Kloster Eibingen nahe Rüdesheim. Ein wenig oberhalb des alten Klosters Eibingen liegt das neue, die Abtei St. Hildegard. Vor hundert Jahren wurde sie erbaut, heute leben und arbeiten die Benediktinerschwestern dort ganz im Sinne ihrer ersten Äbtissin.

Die Schwestern von Eibingen sind berühmt für ihren milden Klosterlikör, sie betreiben ein Weingut und produzieren ausgezeichnete Weine, und sie sind seit langem anerkannte Spezialistinnen auf dem Gebiet der Vollwertkost. Im Klosterladen werden biologische Produkte angeboten, vor allem aus dem Lieblingskorn der Hildegard, dem Dinkel.

Schwester Thekla ist für den Verkauf (auch per Internet!) von Dinkelbrot, -körnern, -mehl, -flocken und -nudeln zuständig, Schwester Maria-Agnes für die feinen Rezepte der Dinkelspeisen. Die Rezepte sind auch in einem eigenen Rezeptbuch erschienen, das über die Abtei St. Hildegard zu beziehen ist. (www.abtei-st.hildegard.de)

„Dinkel ist das beste Getreide ... fettig und kraftvoll und leichter verträglich als alle anderen Körner. Es verschafft dem, der es isst, ein rechtes Fleisch und bereitet ihm ein gutes Blut. Die Seele des Menschen macht es froh und voll Heiterkeit. Wie immer man es isst – als Brot oder sonstwie als Speise – ist es gut verdaulich."

***Hildegard von Bingen** in ihrer „Naturkunde"*

Getreide hat in der Entwicklung der Menschen stets eine ganz wichtige Rolle gespielt. Nicht zuletzt deshalb, weil die Körner eine wunderbare Eigenschaft haben – sie sind konservierbar. Getreidekörner können ein ganzes Jahr über aufbewahrt werden. In den Zeiten ohne Kühlschrank und Gefriertruhe war das etwas ganz Wichtiges. Die Beziehung Mensch und Getreide

Die Kleinen Schwestern Jesu in Regelsbrunn

sehen viele Ernährungswissenschaftler und Ethnologen als eine enge Lebensgemeinschaft über die Jahrtausende hinweg. Und wenn man bedenkt, dass die großen, fruchttragenden Ähren, die wir heute kennen, im Ursprung magere Gräser waren, deren kleine Früchte mühsam eingesammelt und verarbeitet werden mussten, ist die Entwicklung dieser Feldfrüchte, an der der Mensch ja regen Anteil genommen hat, wirklich imposant.

Seit Jahrtausenden besteht eine enge Beziehung zwischen Mensch und Getreide.

Vor rund 150 Jahren hat man begonnen, die Getreidekörner von ihrer schützenden Hülle, dem äußeren Rand des Kornes, in dem die wichtigen Mineralstoffe stecken, zu befreien. Grund dafür war eine neue Mahltechnik der großen modernen Maschinen in den Mühlen. Vor etwa 30 Jahren haben die ersten Alternativen wieder die Einführung der „vollen Körner" gefordert und wurden dafür anfangs als „Gesundheitsapostel" und „Körndlfresser" verlacht. Heute ist Vollkornernährung zwar noch immer nicht allgemein üblich, aber sie hat einen festen Platz in der ganz normalen Küche. Und immer mehr Menschen begreifen, dass allein ein Umsteigen auf Vollwertnahrung dem Körper gut tut und auch das Gewicht reduziert.

Das Angebot an Getreidekörnern ist in den letzten Jahren wieder vielfältig geworden. Viele Körner, die vergessen waren, sind wieder im Handel erhältlich.

Dinkel, das Lieblingskorn der Äbtissin Hildegard von Bingen, war vor 20 Jahren beinahe unbekannt, heute zählt Dinkelgebäck zum Standardangebot jeder gut sortierten Bäckerei. Dinkel wird auch als „Urweizen" bezeichnet, ist reich an Kalium, Eisen und Phosphor und eignet sich vorzüglich zum Backen. Wird der Dinkel geerntet, so lange er grün ist, heißt er „Grünkern".

Auch Hirse, eine uralte Getreidesorte und einst die Speise der Armen, wird heute selbstverständlich angeboten. Aus Hirse lassen sich wunderbare Speisen

Getreide hat in der Entwicklung der Menschheit stets eine große Rolle gespielt.

bereiten. Die in den Körnern enthaltene Kieselsäure stärkt Haut, Haare und Knochen. Buchweizen ist die Frucht einer Knöterichpflanze, das Mehl aus Buchweizen (auch „Heidenmehl" genannt) eignet sich gut zum Kochen und Backen.

Ausländische Gäste unter den alten Körnern, die wieder modern geworden sind, sind Kamut, Amaranth und Quinoa. Und auch die alten einheimischen Sorten wie Weizen, Roggen, Hafer, Gerste und Mais (Polenta) lassen sich in der modernen Getreidekost vielseitig und gut verarbeiten.

Getreide – schmeckt gut und ist gesund.

Erstaunlich ist auch das Angebot an Reissorten. Reis ist das meist angebaute Getreide dieser Welt und als „Naturreis", also als Vollwertreis wirklich eine köstliche Speise. Wildreis allerdings ist kein Reis, sondern der Samen einer Grasart, die in Nordamerika „wild" wächst. Da der Wildreis sehr teuer ist, wird er gerne mit Reis gemischt und wie Reis verwendet.

„Körndlessen" ist heute etwas für Menschen, die in der Küche auch ihre Fantasie spielen lassen wollen. Die Lust haben, neue Gerichte auszuprobieren und darüber staunen zu können, wie rasch man doch von einem Teller Getreidespeise satt werden kann. „Denn", so sagt der Koch, „wer mittags Körner ist, ist abends noch nicht hungrig."

Getreide sollte vor dem Kochen kalt gewaschen werden. Nur Hirse soll kurz heiß gewaschen werden, damit er nicht bitter schmeckt. Salz sollte bei Getreidekörner erst nach dem Kochen zugesetzt werden – es verlängert sonst die Kochzeit.

Wer mit dem Körneressen beginnt, sollte zuerst eher Maisgrieß (Polenta), Hirse, Naturreis oder Getreideflocken versuchen, denn die sind leichter verdaulich. Getreideflocken zählen übrigens zu den Vollwertprodukten.

Hirsebrei

Alle, die Märchen und alte Geschichten lieben, kennen ihn. Nur wenige haben ihn aber gekostet – den Hirsebrei, die Speise, durch die sich alle Armen essen müssen, bevor sie den Weg ins Schlaraffenland finden.

Zubereitung:

Milch in einem Topf zum Sieden bringen, Hirse dazugeben und aufkochen lassen. Auf kleinster Flamme köcheln lassen, bis die Masse dicklich ist. Butter in die Mitte setzen und den Topf in das warme Backrohr stellen, damit der Brei nachziehen, auf Wunsch auch ein wenig überbacken kann. Zum Brei gibt es Salat oder Sauerkraut oder auch Gemüse.

Der Brei kann auch gegessen werden, ohne dass er im Backrohr nachzieht, dann muss man ihn ein wenig länger köcheln lassen, bis die Hirsekörner völlig zerfallen sind.

Zutaten:

250 g Hirse,
800 ml Milch
(oder halb Wasser,
halb Milch),
1 – 2 Esslöffel
Butter,
1 Teelöffel Salz

Hirselaibchen

Zutaten:

250 ml Wasser,
125 g Hirsekörner,
Salz, 1 Esslöffel milder Curry,
1 1/2 Esslöffel Vollkornmehl, 1 Ei,
1 Schalotte,
2 Karotten,
1 Esslöffel gehackte Kräuter (z. B. Kerbel oder Petersilie),
2 Esslöffel Sesamkörner, Öl zum Ausbacken

bei Bedarf etwas Semmelbrösel

Zubereitung:

Hirse kurz mit heißem Wasser übergießen und abseihen. Wasser aufkochen, Hirse dazugeben und zum Kochen bringen. Auf kleinster Flamme köcheln lassen, dabei aufpassen, dass sich die Hirse nicht am Boden des Topfes anlegt. Die Hirse soll weich werden, aber die Körner sollen sich nicht auflösen. Wenn sie weich ist, Salz und Curry einrühren, stehen lassen. Schalotte schälen und fein hacken, Karotten schälen und rein raspeln. Öl erhitzen und Zwiebel goldgelb anrösten, Karottenraspel und die gehackten Kräuter dazugeben. Danach das Gemüse zur gekochten Hirse geben, Ei beifügen, das Mehl unterrühren und alles gut durchmischen. Sollte die Masse noch zu feucht sein, 1 – 2 Esslöffel Brösel einarbeiten.

Kleine Laibchen formen, mit etwas Sesam bestreuen und im heißen Fett knusprig braten.

Hirse-Gemüse-Teller

Zubereitung:

Hirse mit heißem Wasser kurz waschen, abgießen. Wasser zum Kochen bringen, Hirse hineingeben und langsam weich dünsten.

Zwiebel und Knoblauch schälen und fein hacken. Lauch putzen und in Scheiben, Melanzani und Zucchini in Würfel schneiden. Olivenöl in einer Pfanne erhitzen, Zwiebel und Knoblauch goldgelb anrösten, das andere Gemüse und die Oliven zugeben. Mit Tomatensoße aufgießen und alles weich dünsten. Gemüse abschmecken, Hirse darunter mischen, Kräuter darauf streuen. Kurz gemeinsam durchziehen lassen und vor dem Servieren auf Wunsch mit geriebenem Käse bestreuen.

Diese Speise lässt sich auch mit anderen Gemüsevariationen bereiten!

Zutaten:

250 g Hirse,
500 ml Wasser

Für das Gemüse:

1 Zwiebel,
2 Knoblauchzehen,
2 Lauchstangen,
1 Zucchini,
1 Melanzani,
10 Oliven,
3 Esslöffel frische gehackte Kräuter (z. B. Majoran oder Oregano, Rosmarin, Thymian, Petersilie)
Olivenöl, Pfeffer, Salz,
200 ml Tomatensoße

auf Wunsch:
100 g geriebener Hartkäse

Salat mit Hirsekörnern

Zutaten:

alles für einen „bunten Salat“: z. B. Radieschen, Gurken, Tomaten, Zwiebeln und Oliven

80 g Hirsekörner, die in der doppelten Menge Wasser weich gekocht worden sind

Zubereitung:

Salat aus Radieschen, Gurken, Tomaten, Zwiebeln, Oliven etc. bereiten, Marinade darüber gießen und dann die gekochten Hirsekörner darunter mischen. Den fertigen Salat mit fein gehackten Kräutern bestreuen. Die Hirsekörner geben dem Salat ein wenig „Körper“ und schmecken wunderbar.

Hirse-Auflauf

Zutaten:

2 Tassen Hirse, 4 Tassen Gemüsebrühe, 2 Eier (getrennt in Eiweiß und Eigelb), etwas Salz, Pfeffer, 2 Tassen kleinwürfelig geschnittenes gekochtes Gemüse (z. B. Karotten, Erbsen, Karfiolröschen), Butter für die Form

auf Wunsch 100 g geriebener Hartkäse zum Bestreuen

Zubereitung:

Hirse heiß waschen, Gemüsebrühe zum Sieden bringen, Hirse einrühren und weich kochen lassen. Gekochte Hirse überkühlen lassen, dann Salz, Pfeffer und die Eigelbe einrühren. Eiweiße fest schlagen und vorsichtig in die Hirsemasse einrühren.

Eine Auflaufform mit Butter ausstreichen. Eine dünne Schicht Hirsemasse einfüllen, eine Lage Gemüse darüber geben, dann wieder Hirsemasse. Auf Wunsch oben mit geriebenem Käse bestreuen, das muss aber nicht sein. Im vorgeheizten Backrohr bei mittlerer Hitze etwa 30 Minuten backen lassen.

Dazu passt Salat.

Dinkel-Weckerl

Zubereitung:

Mehl in eine Schüssel geben und mit Hefe, Wasser und Milch verrühren. Salz und Honig dazugeben und gut durchkneten. Das kann mit der Küchenmaschine geschehen, aber auch mit den Händen. Am Schluss Öl einkneten, den Teig mit einem Tuch zudecken und eine halbe Stunde rasten lassen. Danach noch einmal gut durchkneten und wieder eine halbe Stunde rasten lassen.

Ein Backblech gut einfetten, kleine runde oder längliche Weckerl formen, mit Körnern bestreuen und noch einmal rasten lassen. Die Weckerl nicht zu eng neben einander legen, sie sollten noch aufgehen. Im vorgeheizten Backrohr bei mittlerer Hitze etwa 25 Minuten backen lassen.

Zutaten:

500 g Dinkelmehl,
250 ml lauwarmes Wasser,
250 ml lauwarme Milch, 1 Päckchen Trockenhefe,
3 Esslöffel Öl,
1 Teelöffel Salz,
1 Teelöffel Honig

auf Wunsch:
2 – 3 Esslöffel Sesamkörner oder Sonnenblumenkörner
Butter zum Einfetten

Dinkel-Tomaten-Risotto

Zutaten:

200 g Dinkelkörner, 500 ml Tomatensoße, Öl zum Anrösten, 1 kleine Zwiebel, 1 Knoblauchzehe, 3 Esslöffel frische oder 1 Esslöffel getrocknete Kräuter (z. B. Thymian, Basilikum, Petersilie und nicht zu viel Salbei), 1 Salatgurke, 2 Esslöffel schwarze entkernte Oliven, etwa 10 Cocktailtomaten, Salz, 2 Knoblauchzehen, 2 Esslöffel frische Kräuter zum Bestreuen

Die Zubereitung erfordert etwas Zeit, aber nur, weil die Körner lange kochen und lange nachdünsten sollen. Die Speise selbst ist gar nicht arbeitsaufwändig.

Zubereitung:

Dinkelkörner kurz in kaltem Wasser waschen. Zwiebel schälen und fein hacken. Öl in einem Topf erhitzen, Zwiebel und Knoblauch kurz anbraten, Tomatensoße beifügen und die Dinkelkörner hineingeben. Kräuter zugeben und auf kleinster Flamme garen lassen. Aufpassen, dass sich die Körner nicht anlegen. Eventuell ein wenig Gemüsebrühe oder Wasser nachgießen. Die Kochzeit beträgt beinahe eine Stunde, danach sollen die Dinkelkörner noch eine Stunde zugedeckt nachziehen. In der Zwischenzeit die Salatgurke schälen, der Länge nach halbieren und die Kerne herauslösen. Die Gurke in feine Würfel schneiden und in wenig Wasser weich dünsten, Knoblauchzehen schälen, pressen und zur Gurke geben. Die Cocktailtomaten halbieren und ebenfalls ins Gurkengemüse geben, Salz dazu, eine Minute dünsten lassen. Nun wird das Gurkengemüse mit dem fertigen Dinkel-Tomaten-Risotto vermischt. Ist das Risotto bereits trocken, kann man mit der Gurken-Flüssigkeit ausgleichen. Ansonsten werden die Gurken durch ein Sieb geseiht und kommen möglichst trocken ins Risotto. Das Gericht abschmecken. Oliven unterheben und vor dem Servieren mit frischen Kräutern bestreuen.

Gerne wird dieses Risotto auch mit geriebenem Hartkäse bestreut, das ist aber nicht nötig – es schmeckt auch so wunderbar.

Hafergrütze

Ein ganz einfaches Rezept, das in der Fastenzeit zur Erinnerung an die kargen Zeiten früherer Jahre serviert wird. Heute allerdings gilt die Grütze aus Hafer, Dinkel oder Buchweizen als unverzichtbar in der alternativen, gesundheitsbewussten Küche. Grütze (auch „Schrot") sind die grob geschroteten Körner der Getreide, etwas größer als Grieß.

Zutaten:

200 g Hafergrütze,
1 Esslöffel Öl,
etwa 450 ml Gemüsebrühe, Salz,
3 Esslöffel Topfen (Quark), frische gehackte Kräuter zum Bestreuen (z. B. Petersilie, Majoran – oder nur Kresse)

Zubereitung:

Öl in einem Topf erhitzen, Hafergrütze dazugeben und kurz anrösten, mit etwas Gemüsebrühe aufgießen und einige Minuten unter Rühren quellen lassen. Dann die restliche Suppe zugießen und die Grütze auf kleinster Flamme weich dünsten. Es soll ein grober Brei entstehen. In den fertigen Brei den Topfen gut einrühren, Salz zugeben. Zuletzt die gehackten Kräuter darüber streuen und sehr warm servieren.

Hafer ist ein besonders magen- und darmfreundliches Korn und wird auch in der Krankenkost gerne eingesetzt, weil es so gut verdaulich ist.

Haferbrot

Zutaten:

750 g Hafermehl,
250 g Haferflocken,
500 ml lauwarme Milch,
300 ml lauwarmes Wasser,
1 Esslöffel Salz,
1 Päckchen Trockenhefe,
1 Teelöffel Zucker,
5 Esslöffel Haferflocken zum Bestreuen der Brote

ist das so genannte „Brot der Armen", heute wird es manchmal an Fasttagen gebacken.

Zubereitung:

In einer großen Rührschüssel Mehl, Flocken, Salz, Trockenhefe, Zucker, Milch und Wasser vermischen. Gut durchkneten, das geht am besten mit den Händen. Dann den Teig mit einem Tuch zudecken und an einem warmen Ort (ohne Zugluft) eine halbe Stunde rasten lassen, damit er aufgehen kann. Danach noch einmal durchkneten. Zwei oder drei Brote formen und auf ein befettetes Backblech legen, mit einem Tuch zudecken und noch eine halbe Stunde gehen lassen. Das Backrohr auf mittlere Hitze vorheizen, die Brote mit etwas lauwarmer Milch bepinseln und in den restlichen Haferflocken wälzen. Die Backdauer hängt von der Dicke der Brote ab und wird etwa 30 – 40 Minuten betragen. Stechen Sie mit einem Spieß in das Brot, wenn kein Teig mehr daran haften bleibt, sind die Brote fertig.

Aus dem „praktischen Kochbuch im Sinne Kneipps" aus dem Jahr 1892: Bereitung eines Kraftbrotes

An ein Kilogramm Weißmehl oder Weizenmehl mischt man ein halbes Kilo Roggenmehl und ein halbes Kilo Kern- oder Roggenkleie, gibt daran einen Kaffeelöffel voll Hefe (dürfte im Nothfalle auch Presshefe sein), ferner einen Löffel voll Salz und nach Belieben einen Löffel voll Anis und Kümmel und gießt nach und nach soviel lauwarmes Wasser daran, dass die ganze Masse einen starken Teig gibt. Diesen verarbeitet man möglichst fein und formt darauf Küpfen ganz nach Belieben. Dieselben legt man auf ein Blech oder auf ein Brett, lässt sie da circa ein und eine halbe Stunde gehen, bestreicht sie hernach mit lauem Wasser und stupft sie mit einer beliebigen Form. Man kann auch ein ganz dünnes Bestreichet kochen aus Mehl und Wasser und damit die Küpfen bestreichen; dann bekommen sie eine schönere Farbe. Nun kommen sie in den Ofen oder in ein Bratrohr; dort lässt man sie bei sehr guter Hitze ein und eine Viertelstunde bis ein und eine halbe Stunde backen, nimmt sie sodann heraus, bestreicht sie nochmal mit warmem Wasser und lässt sie darnach im Ofen trocknen, was kaum ein Vaterunser lang dauert. Im gleichen Verhältnisse kann auch ein größeres Quantum bereitet werden; nur bedarf dann der Teig eines längeren Knetens.

Quinoa-Gemüse-Teller

Zutaten:

250 g Quinoa
750 ml Gemüsebrühe, Salz, Pfeffer, Olivenöl zum Anrösten, 1 Zwiebel, etwa 350 g gemischtes Gemüse (auch Tiefkühlpackung!), eine Hand voll frische Kräuter
2 Knoblauchzehen

Eine ganz einfache Speise aus Gemüse und gekochtem Getreide. Sie lässt sich auch aus anderen Körnern, z. B. Amaranth (ein leicht verdauliches, glutenfreies Korn, das wie Quinoa aus Südamerika stammt), Couscous (Weizenschrot, der vorgegart und getrocknet wurde) oder Bulgur (grob zerkleinerter Weizen, ebenfalls vorgegart und getrocknet) zubereiten. Dieses Rezept soll also nur eine Anregung sein.

Zubereitung:

Zwiebel schälen, fein hacken und in Olivenöl sanft anrösten. Geputztes und in Würfeln oder Scheiben geschnittenes Gemüse dazugeben, mit wenig Wasser aufgießen. Salz, Pfeffer und die Hälfte der Kräuter dazugeben und weich dünsten. Wenn das Gemüse fertig ist, die Knoblauchzehen schälen und ins Gemüse pressen, nicht mehr kochen. Abschmecken und eventuell nachwürzen. Die restlichen Kräuter über das Gemüse streuen.

Quinoa kurz in kaltem Wasser waschen, in die Gemüsebrühe geben und aufkochen. (Achten Sie auf die Anleitung auf der Quinoa-Packung. Manche Körner brauchen eine andere Flüssigkeitsmenge. Richten Sie sich in diesem Fall nach den vorgegebenen Mengen.) Auf kleinster Flamme garen lassen, Quinoa ist in etwa 15 Minuten fertig. Das Gemüse auf den Tellern anrichten, einen großen Löffel vom Quinoa in die Mitte des Gemüses setzen und servieren.

Polentascheiben auf Kräutersoße

Zubereitung:

Gemüsebrühe (oder Milch und Wasser) in einem Topf aufkochen, den Maisgrieß langsam und unter ständigem Rühren einrieseln lassen und so lange unter Umrühren köcheln lassen, bis sich der Maisgrieß vom Rand des Topfes löst und Blasen wirft. Das geht ganz schnell! Die Flamme abdrehen, den Topf zudecken und etwa 20 Minuten stehen lassen. Dann den Sauerrahm zum Polenta geben, mit Salz und Pfeffer würzen und gut durchrühren. Ein Backblech mit Butter befetten und die Polenta gleichmäßig dick und gut fingerhoch auf dem Blech verstreichen, völlig abkühlen lassen.

Nun werden für die Kräutersoße Schalotten und Knoblauch geschält und fein gehackt und in einer Pfanne mit Öl gut angeröstet. Das Mehl dazugeben und durchschwitzen lassen, mit Weißwein ablöschen, Salz und Pfeffer dazugeben und sanft durchköcheln lassen. Kräuter zugeben.

Die kalte Polenta wird mit einem scharfen Messer in Vierecke geschnitten (oder mit einem Ausstecher rund ausgestochen). In einer Pfanne Butter erhitzen und die Polentastücke auf beiden Seiten anbraten.

Auf dem Teller anrichten und mit der Kräutersoße umkränzen.

Polenta kann auch warm und frisch, also als Brei, gegessen werden. So kommt sie allerdings eher als Beilage zu Saftspeisen auf den Tisch.

Zutaten:

500 g Maisgrieß (Polenta), 200 g Butter, 1 l Gemüsebrühe (oder eine Mischung aus 600 ml Wasser und 400 ml Milch), 3 – 4 Esslöffel Sauerrahm (saure Sahne), Salz, Pfeffer

Für die Soße:
Öl zum Anrösten,
2 Schalotten,
2 Knoblauchzehen,
Salz, Pfeffer,
2 Hände voll frische klein gehackte Kräuter (z. B. Petersilie, Kerbel, Estragon, Melisse, Thymian, Dille), Salz, Pfeffer,
1/8 l Weißwein,
1 Esslöffel Mehl,
etwa 150 ml Sauerrahm (saure Sahne)

Buchweizenauflauf mit Gemüse

Zutaten:

200 g Buchweizengrütze („Buchweizenschrot"), 750 ml Gemüsebrühe, Salz, Pfeffer, ev. gemahlener Koriander und ein wenig geriebene Muskatnuss, etwa 400 g Gemüse der Saison (auch Tiefkühlgemüse), 1 Zwiebel, Butter zum Anrösten und zum Ausfetten der Form, 3 Eier, 150 ml Sauerrahm (saure Sahne), 100 g geriebener Hartkäse, frische gehackte Kräuter zum Bestreuen

Zubereitung:

Zwiebel schälen und fein hacken. In einem großen Topf Butter zerlaufen lassen, Zwiebel sanft anrösten. Die Buchweizengrütze dazugeben und kurz durchrühren, dann mit der Gemüsebrühe aufgießen. Einmal aufkochen lassen, dann das (geputzte, klein geschnittene) Gemüse und die Gewürze dazugeben und auf kleinster Flamme köcheln lassen, bis das Gemüse recht weich geworden ist (etwa 20 Minuten), dann etwa zehn Minuten ziehen lassen. Die Eier und den Sauerrahm in einer Schüssel gut verquirlen und in die Grütze-Gemüse-Mischung rühren. Eine Auflaufform mit Butter ausstreichen, die Masse einfüllen und mit geriebenem Käse bestreuen. Im vorgeheizten Backrohr bei mittlerer Hitze etwa 20 Minuten backen.

Dieses Rezept kann auch aus anderen Körnern bereitet werden – z. B. Gerstengrütze, Hafergrütze, Dinkelgrütze, Weizengrütze oder auch aus einer Mischung verschiedener Körner.

Getreidelaibchen

Diese Laibchen werden aus geschrotetem Korn bereitet, z. B. aus Grünkern-Grütze oder Dinkel-Grütze.

Zubereitung:

Gemüsebrühe zum Sieden bringen. Grünkerngrütze einrühren und auf kleinster Flamme sanft köcheln lassen (etwa 15 Minuten), bis das Getreide weich ist. Danach noch gut dünsten lassen, damit alle Flüssigkeit aufgesogen ist. Zwiebel schälen, ganz fein hacken und zum Getreidebrei geben, Knoblauch schälen und hineinpressen. Ei und Gewürze dazugeben und alles gut vermischen. Wenn die Masse zu weich ist, ein wenig Semmelbröseln dazugeben.

Aus der Masse Laibchen formen. In einer Pfanne Öl erhitzen und die Laibchen auf beiden Seiten schön knusprig braten.

Zu den Laibchen passt Salat, eine Soße (Tomatensoße) oder Gemüse.

Zutaten:

200 g Grünkerngrütze (Schrot), 500 ml Gemüsebrühe, Salz, Pfeffer, 1 Esslöffel milden Curry, 1 Ei, 1 Zwiebel, 2 Knoblauchzehe, eventuell einige Esslöffel Semmelbrösel, Fett zum Braten

Frühlings-Risotto

Zutaten:

250 g Vollkornreis, 2 Esslöffel Butter, 350 ml Gemüsebrühe, Salz, Pfeffer, eine Schüssel voll Brennnesseln (die groben Stiele sollen nicht verwendet werden) und/ oder Bärlauch- und Sauerampferblätter, 1 Bund Jungzwiebeln, 2 – 3 Esslöffel Sauerrahm (saure Sahne), 100 g geriebener Hartkäse

Für dieses Rezept werden die frischen Frühlingskräuter verwendet – junge Brennnesseln, Bärlauch, auch Sauerampfer. Es schmeckt wirklich nur im Frühling gut, danach sind diese Kräuter zu hart.

Zubereitung:

Die Kräuter werden gewaschen, getrocknet und fein gehackt, die Jungzwiebeln geputzt und in Scheiben geschnitten (auch die grünen Teile verwenden!). Butter in einer Pfanne zerlaufen lassen, Jungzwiebeln sanft durchschwitzen, den Reis zugeben, bis er glasig wird. Mit einem Teil der Gemüsebrühe aufgießen, Salz und Pfeffer zugeben und unter häufigem Umrühren sanft köcheln lassen. Im Prinzip sollte man beim Risotto immer in der Nähe bleiben und immer wieder umrühren. Nach und nach, wenn es trocken wird, Brühe zugießen. Die Kräuter werden erst untergerührt, wenn der Reis schon beinahe weich ist. Dann kommt auch der Sauerrahm dazu. Das fertige Risotto wird mit dem geriebenen Käse bestreut.

Pikanter Reisauflauf

Zubereitung:

Öl in einem Topf erhitzen, Reis darin kurz anrösten. Gemüse dazugeben und kurz mitrösten. Mit Wasser (oder etwas Gemüsebrühe) aufgießen, Salz und Pfeffer zugeben und unter häufigem Rühren auf kleinster Flamme etwa 20 Minuten dünsten lassen. Danach abkühlen lassen. Wenn die Flüssigkeit nicht völlig aufgesogen ist, Flüssigkeit abseihen.

Butter in einer Schüssel verrühren, Eigelbe dazugeben, Reis und die gehackten Kräuter beifügen.

Eiweiße zu festem Schnee schlagen und unter die Reismasse heben.

Eine Auflaufform mit Butter ausstreichen, die Masse hineingeben und im vorgeheizten Backrohr bei mittlerer Hitze etwa 30 Minuten backen.

Zutaten:

800 ml Wasser,
400 g Reis,
500 g gemischtes, klein geschnittenes Gemüse (z. B. Sellerie, Tomaten, Pilze, Erbsen – je bunter die Farben der verschiedenen Gemüsesorten sind, umso schöner sieht der Auflauf aus),
Öl zum Anrösten,
Salz, Pfeffer,
50 g Butter, 4 Eier (getrennt in Eigelb und Eiweiß),
einige Esslöffel gehackte Kräuter,
Butter für die Form

Reisröllchen

Zutaten:

300 g Vollkornreis, 600 ml Wasser, Salz, nach Geschmack 1 Esslöffel milder Curry, Öl zum Anrösten, 1 Zwiebel, 80 g geriebener Käse, 2 Esslöffel fein gehackte Nüsse oder Sonnenblumenkerne, 1 Ei

Für die Panade: 1 – 2 Eier, etwas Brösel, Fett zum Ausbacken

Zubereitung:

Zwiebel schälen und fein hacken. Öl in einem Topf erhitzen, Zwiebel anrösten, Reis dazugeben und kurz mitrösten, danach mit Wasser aufgießen, würzen und auf kleinster Flamme weich dünsten lassen. Reis recht gut abkühlen lassen, das Ei, die Nüsse und den Käse dazugeben und gut vermischen. Aus der Masse soll man gut Röllchen formen können, wenn sie zu weich ist, müssen Semmelbrösel darunter gemischt werden.

Für die Panade die Eier gut verquirlen. Aus dem Teig Röllchen formen (wie Cevapcici) und zuerst durch die Eier, dann durch die Bröseln ziehen. In einer Friteuse oder einer Pfanne gut fingerhoch Fett heiß werden lassen und die Röllchen darin goldgelb ausbacken.

Die Reisröllchen isst man zu Salat, zu einer Soße (z. B. Kräuter- oder Tomatensoße) oder zu feinem Gemüse.

Fasten – der erste Schritt auf dem Weg zu den Göttern

Vierzig Tage hat Moses gefastet, ehe er am heiligen Berg Sinai Gott begegnen durfte. Vierzig Tage fastete der Prophet Elias, bevor er auf dem Gottesberg Horeb den Herrn, seinen Gott, schauen durfte. Und selbst Jesus, der gar keine große Vorliebe fürs Fasten hatte, zog sich für vierzig Tage betend und fastend in die Wüste zurück, bevor er seinen schweren Weg antrat.

Wer eine große Begegnung erwartet oder um Erkenntnis bittet, wer vor einem neuen Lebensabschnitt steht oder wichtige Entscheidungen zu treffen hat, der sucht die Einsamkeit, meditiert und fastet. Die Bibel ist voll von solchen Geschichten, aber nicht nur die Bibel. Auch die großen Religionsstifter fasteten viele Tage lang, bevor ihnen, wie es heißt, „die Erleuchtung zuteil"

„Siehe da, wie das Fasten wirkt! Es heilt die Krankheiten, trocknet die überschüssigen Säfte im Körper aus, vertreibt die bösen Geister, verscheucht verkehrte Gedanken, gibt dem Geist größere Klarheit, macht das Herz rein, heiligt den Leib und führt schließlich den Menschen vor den Thron Gottes."

Athanasius,
Bischof in Alexandria im 4. Jahrhundert

„Das Fasten ist ein Licht der Seele, die Wache des Geistes, die Erleuchtung des blinden Herzens, die Tür zur Einsicht über sich selbst."

Johannes von der Leiter *(Johannes Klimakus),*
geboren um 570, Abt auf dem Sinai

„Als ich auf den Berg gestiegen war, um die Steintafeln entgegenzunehmen, die Tafeln des Bundes, den der Herr mit euch geschlossen hatte, blieb ich vierzig Tage und vierzig Nächte auf dem Berg, aß kein Brot und trank kein Wasser. Der Herr übergab mir die Steintafeln, die mit dem Gottesfinger beschrieben waren."

(AT, Buch Deuteronomium, 9,9-10 –
Die Geschichte des Moses)

wurde. Der Prophet Mohammed fastete auf dem Berg Hira, bevor Allah, der Herr, ihm die Weisheit des Koran offenbarte. Buddha hatte gar sechs Jahre lang gefastet, erst danach fand er unter dem Feigenbaum im indischen Dorf Bodh Gaya die Erkenntnis, nach der er so lange gesucht hatte. Und die großen Propheten der Bibel waren allesamt auch große Fastende.

Den großen Propheten der Bibel und auch anderer Religionen wurde erst nach dem Fasten die Erkenntnis zuteil.

In beinahe allen Religionen, den alten Naturreligionen genauso wie den Mysterienkulten oder den monotheistischen Religionen, spielt das Fasten eine wichtige Rolle. Nicht überall wird es zwingend vorgeschrieben, aber für Fromme, die sich auf wichtige spirituelle Begegnungen vorbereiten, war Fasten stets ein Teil des Wegs, oft auch ein Teil des Rituals. Fasten dient der Reinigung der Gedanken, der Stärkung von seelisch-geistigen Kräften, dem Freiwerden von Energie. Schon in der Antike wird den Vollziehern magischer Rituale vorgeschrieben: „Faste und enthalte dich von Fleisch, Wein, Öl und ähnlichem ... Faste zuerst drei Tage bis zum ersten Stern und faste täglich, indem du vier Unzen Brot am Tag isst." Der „Pariser Zauberpapyrus", eine schriftliche Anleitung zur Geisterbeschwörung, verlangt von den Magiern, dass sie sich „sieben Tage, bevor der Vollmond eintritt, durch Enthaltung von bluthaltigen und ungekochten Speisen reinigen", auch auf den Genuss von Wein sollen sie verzichten. Nur so vorbereitet sei es ihnen möglich, erfolgreich mit Geistern in Kontakt zu treten und dann auf die gestellten Fragen Antworten zu erhalten.

Gefastet wurde in der Antike auch oft, um Dämonen abzuwehren. Mit dem Essen, so dachte man, würden Dämonen in den Körper gelangen. „Die Leiber", so schreibt der griechische Philosoph Porphyrios noch Ende des dritten Jahrhunderts nach Christus, „sind voll von diesen Dämonen. Denn sie haben ihre größte Freude an gewissen Speisen. Wenn wir nämlich essen, kommen sie herbei und setzen sich an den Körper.

Deshalb vollzieht man auch die Reinigungen, nicht in erster Linie wegen der Götter, sondern damit die Dämonen sich entfernen."

Diese Angst vor Geistern und Dämonen dürfte auch mit ein Grund für das so genannte „Trauerfasten" sein, das sowohl im alten Griechenland als auch in der Bibel oft beschrieben wird. Als Saul starb, fasteten die kriegstüchtigen Männer sieben Tage lang. Auch König David zerriss zuerst sein Obergewand, nachdem er vom Tode Sauls hörte, danach fastete er. Zu dem Schmerz und der Trauer kommt immer auch die Angst davor, dass die Seelen der Verstorbenen zurückkehren und sich für manches rächen könnten. Das Fasten sollte helfen, das abzuwehren.

Mit dem „Trauerfasten" sollte man die Seelen der Verstorbenen abwehren.

Von den Ägyptern wird berichtet, dass sie beim Tod eines Pharao gemeinsam fasteten. Und zu den ältesten Geschichten des Fastens einer Trauernden gehört jene der Demeter, der griechischen Göttin der Fruchtbarkeit. Hades, der Gott der Unterwelt, hat ihre Tochter Persephone entführt. Traurig und voll Schmerz über diesen Verlust irrt die Göttin Demeter neun Tage lang auf der Erde herum, ohne zu essen. Ihre Dienerin Iambe kann sie schließlich dazu überreden, einen Trank zu sich zu nehmen – Kykeon, eine Mischung aus Wasser, Mehl und der Arzneipflanze Polei. Zum Gedenken daran wurde Jahr für Jahr im Herbst in Attika bei den Eleusinischen Mysterien, die der Demeter geweiht waren, von den Eingeweihten (den Mystagogen) Kykeon getrunken, um das Fasten zu brechen. Bevor die Eingeweihten göttliche Kraft und Verheißungen empfingen, fasteten sie, mit Einbruch der Nacht war das Fasten zu Ende und Kykeon wurde gereicht. Während der Eleusinischen Mysterien übernahm der Myste, der Vollzieher des Rituals, die Rolle der Demeter, die nach ihrer Tochter sucht. Einer der Bekenntissprüche lautete: „Ich habe gefastet, den Kykeon getrunken ... die Handlung vollzogen ..."

Fasten war auch eine wichtige Vorbereitung für jene, die ihre Götter um Träume oder Visionen baten. Die Priesterinnen der Orakelstelle von Didyma, südlich von Milet, die dem Gott Apoll geweiht war, mussten drei Tage lang fasten und ein rituelles Bad nehmen, bevor sie ihre Kräfte dem Orakel zur Verfügung stellten. Und wer im Heiligtum zu Amphiaros ein Traumorakel gedeutet haben wollte, musste sich „am Tag davor von jeder Speise und drei Tage davor vom Wein enthalten".

Von den Naturvölkern über die antike Hochkultur bis zu den modernen Menschen, die im Bereich der Spiritualität neue Wege beschreiten, gilt: Wer seine Götter um Visionen bittet, geht in sich, sucht seine innere Mitte, befreit sich von den kleinen Beschwernissen des Alltags, um frei zu sein für die große Begegnung und begibt sich schließlich in Trance oder einen tranceähnlichen Zustand. Auf diese große Zeremonie bereiten sich die Auserwählten gründlich und oft tagelang vor, die Enthaltung von Nahrungsmitteln ist in dieser Phase beinahe selbstverständlich.

In den frühen Jahrhunderten der Christenheit war es vor der Taufzeremonie üblich, dass sowohl Täufer als auch Täufling fasteten und zwar zumindest einen, besser zwei Tage lang. Interessant ist, dass um den Täufling stets fromme Christen waren, die gemeinsam mit ihm fasteten. Also wurde nicht nur das Mahl, sondern auch das Fasten geteilt. Auch vor der Eucharistie, der Abendmahlfeier, wurde beinahe zwei Jahrtausende lang gefastet. Schon die junge christliche Gemeinde empfand jede Eucharistiefeier als „kleines Passahfest", auf das sie sich wie auf die österliche Feier vorbereiten wollte. Und noch bis vor kurzem war es eine feste Gewohnheit, vor dem Empfang der Heiligen Kommunion zu fasten. Auch heute ist es besonders frommen alten Menschen noch wichtig, am Sonntagmorgen nüchtern zur Messe zu gehen und die Kommunion zu empfangen.

Kartoffeln

Die Wunderknolle – gesund und einfach

Das Kneipp-Kurhaus der Barmherzigen Brüder in Schärding am Inn kann seine Gründung vor über 110 Jahren auf Pfarrer Sebastian Kneipp selbst zurückführen. Es waren die österreichischen Brüder, die die enge Beziehung zwischen Kneipp und dem Orden hergestellt hatten. Im November 1893 übergab Kneipp das Kurhaus „Sebastianeum" in Schärding den Barmherzigen Brüdern. Damit konnten auch die Menschen in Österreich die bereits berühmte „Wasserkur" ausprobieren.

„Sebastian Kneipps These vom Zusammenspiel von Körper und Geist wird hier in unserem Gesundheitszentrum unverfälscht angewendet, heilende und vorbeugende Medizin reichen sich in diesem Kurangebot die Hände", sagt Frater Paulus Kohler, der Provinzial des Ordens der Barmherzigen Brüder.

Und so bietet Schärding neben Kneipp-, Fasten- und reichem Kurprogramm auch einen Schwerpunkt in chinesischer Medizin. Aber auch die Seele wird therapiert: „Momente der Einkehr, der Ruhe und der Stille sollen den Kuraufenthalt begleiten", so Frater Paulus, der auch das Symbol des Ordens, den Granatapfel, erklärt:

Seit der Antike ist der Granatapfel – sein Strauch trägt gleichzeitig Blätter, Blüten und Früchte – ein Symbol göttlicher und menschlicher Liebe, aber auch der Unsterblichkeit.

Den ersten Christen galt er als Symbol der Auferstehung. Die Vielzahl seiner Fruchtkerne werden als Fülle der Barmherzigkeit gedeutet. Im Wappen des Ordens, mit dem Kreuz und einem Stern verbunden, ist er auch Zeichen der Offenheit gegenüber Hilfesuchenden.

Die Kartoffel stammt aus Südamerika, im 16. Jahrhundert wurde sie nach Europa gebracht. Eine Zierpflanze zuerst, fand sie als exotisch bestaunt in den prachtvollen Gärten einiger Experimentalbotaniker ihren Platz. Lange standen viele so genannte Experten der Knolle äußerst kritisch gegenüber, hielten sie für nicht mehr als ein „giftiges Nachtschattengewächs".

Friedrich II. von Preußen und die österreichische Kaiserin Maria Theresia, ansonsten ständig auf Kriegsfuß, waren sich in Sachen Kartoffeln einig. Beide hielten ihre Untertanen mit strenger Hand dazu an, Kartoffeln anzubauen, zu ernten und auch zu essen.

Und der Dichter Mathias Claudius schrieb in seinem „Lob der Kartoffel":

Schön rötlich die Kartoffeln sind
Und weiß wie Alabaster!
Sie däu'n sich lieblich und geschwind
Und sind für Mann und Frau und Kind
Ein echtes Magenpflaster."

Die nächste große Hungersnot ließ nicht lange auf sich warten und das Kartoffelessen hat quer durch Europa Millionen von Menschen vor dem Hungertod bewahrt. „Not lehrt nicht nur beten, sondern auch Kartoffelessen", sagt der Historiker, Philosoph und leidenschaftliche Koch Rolf Schwendter. Und langsam wurde aus dem Landstrich der Getreidebrei-Esser das „Land, wo die Kartoffeln blüh'n". Vor allem Preußen und das Kartoffelessen sind in unserem Bewusstsein ganz eng verbunden.

Der Geruch des Arme-Leute-Essens hat die Kartoffel lange nicht verlassen. Erst in den letzten Jahren des zunehmenden Ernährungsbewusstseins wurde den

Menschen langsam klar, dass Kartoffeln ungeheuer wertvolle Nahrungsmittel sind und ein häufiger Verzehr von Kartoffelspeisen kein Zeichen von Armut ist, sondern einfach gesund. Außerdem sind Kartoffeln kalorienarm und helfen, den menschlichen Organismus zu entwässern. Gesund sind Kartoffeln allerdings vor allem dann, wenn sie möglichst naturbelassen verzehrt werden und nicht mit großen Mengen Fett zu einer schwer verdaulichen Speise bereitet werden. Potatoe-Chips schmecken zwar manchmal gut, gesund sind sie nicht. Ein einfaches Kartoffelgericht hingegen, in dem der Geschmack der Knolle noch zu spüren ist, ist ganz wunderbar. An den Geschmack von Marzipan erinnere ihn der Geschmack der im Feuer gebratenen Kartoffeln, sagte einmal ein sehr betagter Mann, als er von seiner frühesten Kindheit erzählte.

„Wer ihren Wert erkennt und sich zunutze zu machen weiß, wird sie gewiss nicht gering achten. Für den menschlichen Unterhalt haben sie eine so hohe Bedeutung, dass sie geradezu unentbehrlich geworden sind. Schon in meiner Kindheit hörte ich freilich schimpfen, die Kartoffeln hätten keinen Nährwert. Dem kann ich durchaus nicht beistimmen. Für die ärmere Klasse sind die Kartoffeln ein nahrhaftes und zugleich wohlfeiles Lebensmittel... Wo der allgemeine Fleischgenuss nicht ist, verbindet man mit fast allen Mehlspeisen die Kartoffeln. Dem Fleischesser sind sie immer ein willkommenes Gemüse. Besonders möchte ich die Kartoffeln gern bezeichnen als die Nothelfer am Tisch der Armen."

Pfarrer Kneipp

Kartoffelkas

Zutaten:

500 g Kartoffeln,
100 g Butter,
125 g Topfen (Quark),
75 g Sauerrahm (saure Sahne),
1 Esslöffel gehackte Kräuter (z. B. Schnittlauch, Petersilie),
etwas Pfeffer, Salz und Paprikapulver,
eine kleine Zwiebel, fein gehackt

Ein Rezept aus dem Kneipp-Gesundheitszentrum der Barmherzigen Brüder in Schärding am Inn

Zubereitung:

Kartoffeln waschen, kochen, schälen und heiß durch die Kartoffelpresse drücken, danach auskühlen lassen. Die zerdrückten Kartoffeln mit allen Zutaten gut vermischen, abschmecken und bei Bedarf nachwürzen.

Die Speise eignet sich vorzüglich als Imbiss, dazu werden z. B. Radieschen gereicht und auf Wunsch Schwarzbrot oder Dinkelgebäck. Der Kartoffelkas kann auch – wie ein Aufstrich – aufs Brot gestrichen werden. Er kann vor dem Verzehr im Kühlschrank eine Stunde rasten, schmeckt aber auch warm sehr gut.

Interessant ist, dass es im bäuerlichen Raum früher üblich war, übrig gebliebenes Kartoffelpüree am nächsten Tag den Kindern als Imbiss aufs Brot zu streichen. Das dürfte das ursprüngliche Vorbild für diese feine Variante, die heute zur alternativen Küche zählt, gewesen sein.

Kartoffel-Lauch-Auflauf

Ein Rezept aus dem Kneipp-Gesundheitszentrum der Barmherzigen Brüder in Schärding am Inn

Zubereitung:

Sauerrahm mit den Eiern, 1 Esslöffel gehackten Kräutern und etwas Curry verrühren. Lauch waschen, in feine Ringe schneiden und in etwas Butter andünsten. Kartoffeln schälen und reiben. Alle Zutaten werden nun gut vermischt, dazu kommt Kräutersalz.

Nun eine Auflaufform mit Butter ausstreichen, die Masse hineingeben und im vorgeheizten Backrohr für etwa eine Stunde bei 180 Grad backen.

Zutaten:

2 Stangen Lauch,
600 g Kartoffeln,
3 Eier,
250 ml Sauerrahm
(saure Sahne),
150 g geriebener
Hartkäse,
Kräutersalz,
etwas Curry,
1 – 2 Esslöffel
gehackte Kräuter
der Saison
(z. B. Petersilie,
Kerbel, auch
frischer Majoran),
etwas Butter

Kartoffel-Sellerie-Gratin

Zutaten:

600 g Kartoffeln, etwa 300 g Sellerie, 2 Knoblauchzehen, 250 ml Schlagobers (-sahne), 1 Ei, bei Bedarf etwas Milch, Salz, Pfeffer, gemahlene Muskatnuss, 80 g frisch geriebener Parmesan oder Hartkäse, Butter für die Form

Zubereitung:

Kartoffeln waschen, kochen, schälen und in Scheiben schneiden. Sellerie waschen, schälen, in Scheiben schneiden und kurz überkochen. Der Sellerie darf nicht zu weich werden. Eine Auflaufform mit Butter ausstreichen und mit Bröseln ausstreuen. Die Kartoffelscheiben dachziegelartig in die Form schichten und würzen. Nun darüber die Selleriescheiben schichten und ebenfalls würzen. Schlagsahne mit dem Ei vermischen und langsam darüber gießen, damit die Masse gut durchfeuchtet ist. Ins vorgeheizte Rohr schieben, bei 180 Grad etwa 20 Minuten backen. Zwischendurch nachschauen und, wenn nötig, mit ein wenig Milch übergießen. Danach herausnehmen, den geriebenen Käse darüber streuen und noch fünf Minuten mit oberer Hitze überbacken (gratinieren).

Dieses Rezept lässt sich nach persönlichem Geschmack variieren – statt Sellerie kann auch anderes Gemüse verwendet werden, z. B. passen Brokkoli, Erbsen, Pilze oder Lauch oder für die schnelle Küche auch eine fertige Tiefkühl-Gemüsepackung. Wenn man das Gemüse ganz weglässt, entsteht ein Kartoffel-Gratin, das zu Salat gegessen werden kann oder auch eine ganz feine Beilage zu einem Festtagsbraten ist.

Ofenkartoffeln

Bei den Zisterzienserinnen des Klosters Marienkron in Mönchhof wird diese Speise oft an Fasttagen serviert. „Ein einfaches Essen, das gut schmeckt."

Zutaten:

Kartoffeln, Salz und je nach Geschmack Rosmarin und Thymian oder kräftiger mit etwas Muskatnuss und Kümmel.

Zubereitung:

Kartoffeln gut waschen, denn die Schale wird mitverwendet. Der Länge nach halbieren. Ein Backblech mit Backpapier belegen oder gut einfetten und danach Salz und die Gewürze darauf streuen. Nun die Kartoffeln mit der Schnittfläche nach unten auf das Backblech legen und in den Ofen schieben. Die Temperatur soll bei ca. 200 Grad liegen, die Backdauer wird etwa 40 Minuten betragen, hängt aber von der Größe und der Sorte der Kartoffeln ab. Wenn die Kartoffeln schön knusprig sind, sind sie fertig.

Dazu passt:

Topfen (Quark)

Zutaten:

400 g Topfen (Quark), etwas Jogurt oder ein wenig Milch, Salz, Pfeffer und 1 – 2 Esslöffel frische Kräuter (z. B. Schnittlauch oder Kerbel)

Zubereitung:

Topfen mit etwas Jogurt oder Milch glatt rühren, bis er richtig cremig ist. Gewürze beifügen und Kräuter unterrühren.

Dieser Topfen passt auch sehr gut zu den jungen Kartoffeln:

Heurige Kartoffeln oder „Geschabte"

Zutaten:

1 kg junge Kartoffeln

Zubereitung:

Kartoffeln gut waschen und abbürsten, damit sie ganz sauber sind. In einem Topf mit wenig Wasser sanft kochen lassen, bis sie durch sind.

Die gekochten Kartoffeln kommen mit der Schale in einer Schüssel auf den Tisch. Dazu wird zum Beispiel der Topfen serviert. Oder aber man streicht bei Tisch nur ein wenig Butter darauf und etwas Salz.

Kartoffellaibchen

Zutaten:

750 g Kartoffeln,
2 Karotten,
100 g Mehl (besonders geeignet: Kartoffelmehl),
2 Esslöffel Grieß,
1 Ei, Salz,
1 Esslöffel gehackte Kräuter,
Fett zum Braten

Zubereitung:

Kartoffeln waschen, kochen, schälen und passieren oder faschieren. Karotten putzen und fein reiben. Karotten, Kartoffeln, Ei, Salz, Kräuter und Mehl gut vermischen. Aus der Masse Laibchen formen, die in heißem Fett auf beiden Seiten ausgebacken werden.

Dazu passt sehr gut Salat, Gemüse oder eine feine Tomatensoße.

Tipp: Man kann aus diesem Teig auch eine Rolle formen und von dieser Scheiben abtrennen, dann werden die Laibchen gleichförmiger.

Überbackene Kartoffeln

Zubereitung:

Kartoffeln waschen und kochen. Aufpassen, dass sie nicht zu weich werden und zerfallen! Abseihen und gut überkühlen lassen. Nun die Kartoffeln der Länge nach halbieren und danach mit einem Löffel langsam und vorsichtig aushöhlen. Es muss ein nicht zu dünner Rand übrig bleiben. Die herausgelöffelte Kartoffelmasse durch die Kartoffelpresse drücken, damit keine Klümpchen entstehen. In einer Schüssel die Butter weich rühren, mit dem Topfen und den Eigelben vermischen, die Kartoffelmasse, die Gewürze und Kräuter beifügen. Alles gut vermengen und damit nun die ausgehöhlten Kartoffeln füllen.

Feinspitze nehmen dazu einen Spritzsack, aber es funktioniert auch mit einem Löffel sehr gut. Die Kartoffeln auf ein befettetes Backblech legen und im vorgeheizten Rohr bei etwa 180 Grad 10 Minuten backen.

Die Kartoffeln werden im Sommer mit Salat gegessen, passen aber auch zu feinen Gemüsen, Ratatouille oder einer Soße aus frischen Tomaten.

Zutaten:

4 – 6 große Kartoffeln – je nach Größe (am besten eignen sich hier mehlige Kartoffeln),
100 g Butter,
250 g Topfen (Quark),
2 Eigelb,
etwa 3 Esslöffel gehackte Kräuter (z. B. Petersilie, Kerbel, Thymian),
etwas Salz und Pfeffer

Kartoffelgulasch

Zutaten:

einige Löffel Öl,
4 mittlere Zwiebeln,
Salz,
gemahlener Paprika,
Kümmel, Majoran,
1 Esslöffel Essig,
etwa 300 ml Wasser,
einige Esslöffel Tomatenmark,
1 Esslöffel Kapern,
1 kg Kartoffeln

Kartoffelgulasch wurde im Ursprung ohne Wurst gekocht. Später, in Zeiten des Wohlstands, wurden deftige Wurstsorten, würfelig geschnitten, beigemengt. Das Gulasch zählt zu den klassischen Speisen der einfachen Küche und als fleischloses Gericht zu den beliebtesten Fastenspeisen.

Zubereitung:

Kartoffeln waschen, schälen und in nicht zu kleine Würfel schneiden. Zwiebeln schälen und nicht zu fein hacken. Öl in einem Topf erhitzen, Zwiebeln gut durchrösten. Wenn die Zwiebeln gut glasig sind, Paprikapulver zugeben und ganz kurz mitrösten, dann rasch mit Essig und Wasser aufgießen. Nun die Kartoffeln, Gewürze und das Tomatenmark dazugeben. Alles soll mit Flüssigkeit bedeckt sein, daher, wenn nötig, noch Wasser zugießen. Auf kleiner Flamme weich dünsten lassen.

Manche Kartoffelsorten zerkochen sich leicht, das schadet nicht, denn das Gulasch wird dadurch sehr sämig und schmeckt gut. In diesem Fall kann man einige bereits (z. B. vom Vortag übrig gebliebene) gekochte Kartoffeln schälen, in Würfeln schneiden und am Schluss zusätzlich beifügen.

Die moderne Küche macht das Kartoffelgulasch noch reichhaltiger, indem sie als Wurstersatz würfelig geschnittenen Tofu beifügt. Das sieht schön aus und schmeckt gut, muss aber nicht sein.

Dillkartoffeln

Zubereitung:

Butter in einem Topf zerlaufen lassen, Mehl dazugeben und gut durchschwitzen lassen, so dass eine Einmach entsteht. Mit etwas Gemüsebrühe aufgießen, vom Herd nehmen und gut durchrühren. Wenn die Masse etwas überkühlt ist, Sauerrahm beigeben, mit Pfeffer und Salz würzen, gut durchrühren. Nun werden die Kartoffelscheiben untergehoben. Sie sollen auf kleinster Flamme unter häufigem Umrühren gut durchziehen können. Am Schluss die Dille beifügen. Dazu passen dann weich gekochte Eier und Schwarzbrot.

Dieses Rezept kann beliebig variiert werden: Für Majorankartoffeln wird einfach statt Dille frischer Majoran beigefügt, für Petersilkartoffeln frische Petersilie, es gibt auch Thymiankartoffeln oder Kerbelkartoffeln – je nach Geschmack.

Eine beliebte Verarbeitung von übrig gebliebenem Kartoffelsalat in den sparsam geführten Haushalten war die schnelle Bereitung von

Zutaten:

750 g gekochte Kartoffeln in Scheiben geschnitten,
30 g Butter,
30 g Mehl,
150 ml Sauerrahm (saure Sahne),
etwas Gemüsebrühe,
Salz, Pfeffer,
1 Bund gehackte Dille

Sauren Kartoffeln (auch: „Saure Hund”)

Dafür wird der Kartoffelsalat in ein Sieb gegeben, damit die Marinade gut abtropfen kann. Danach wird eine Einmach bereitet, keine Gewürze beigefügt, sondern ausschließlich der abgetropfte Salat. Gut durchmischen und abschmecken.

Kloster-Omelett (Kloster-Rührei)

Zutaten:

je nach Größe
6 – 8 gekochte
Kartoffeln (am
besten vom Vortag),
6 Eier,
ein wenig Milch,
1 Teelöffel Öl,
3 Esslöffel gehackte
Kräuter, Salz, Butter
zum Ausbacken

Eine Speise, die rasch und unkompliziert zuzubereiten ist. Allerdings empfiehlt sich für den kleinen Haushalt eine „nach und nach" Zubereitung, also mehrere kleinere Mengen in einer kleinen Pfanne.

Zubereitung:

Kartoffeln schälen und in Scheiben schneiden. Eier salzen, mit Milch und etwas Öl gut verrühren. („Fest schlagen, so dass die Eier auflaufen", sagt die Konventköchin.) Butter in der Pfanne gut heiß werden lassen, die Kartoffelscheiben einlegen und etwas anbraten, möglicherweise auch einmal wenden, wenn man sie gerne knusprig mag. Danach erst die verschlagenen Eier darüber gießen. Wenn sich die Eiermasse ein wenig am Rand verfestigt, den festen Teil mit einer Gabel etwas zur Mitte ziehen, damit weitere flüssige Eiermasse zum Rand laufen kann. So bekommt das Omelett eine schöne Beschaffenheit. Wenn die Eier fest geworden sind, portionsweise auf Tellern anrichten und mit frischen Kräutern bestreuen.

Dazu passt am besten Schwarzbrot.

Weitere Kartoffelrezepte finden Sie bie den Gemüsespeisen, Strudeln und Knödeln!

Das Fasten der Mönche

„Sie wissen aber schon, dass wir im Kloster auch nichts anderes essen als die Menschen da draußen?" Herr Benedikt, der Prior des Stiftes Geras, muss die neugierige Anruferin, die nach den Fastenspeisen der hochwürdigen Herrn des Prämonstratenserklosters fragt, gleich einmal mit der irdischen Realität konfrontieren. Moderne Mönche sind keine Meister im Dauerfasten, meint er.

Auch im Kloster wird gefastet – mit Maß und Ziel.

Natürlich gibt es auch im Kloster strenge Fasttage, aber alles zu seiner Zeit und mit Maß und Ziel. Leben die Prämonstratenser doch auch nach den Regeln des heiligen Benedikt (480 – 547), dessen weise und gemäßigte Anleitungen zum Klosteralltag jeglicher Übertreibung einen Riegel vorschob.

Dennoch hat die Tradition des Fastens eine ganz starke Wurzel in der frühen Geschichte des Mönchtums. Im dritten Jahrhundert entwickelt sich das christliche Mönchtum als Kontrapunkt zum bereits extrem verfeinerten Leben der Städte der Spätantike. Fromme, die sich auf ihren Glauben besinnen wollen, ziehen sich aus der „bewohnten Welt" zurück, suchen das Leben in der Wüste, ein Leben in Einsamkeit und Entsagung, in der sie ihrem Gott ganz nahe kommen. „Wüstenväter" werden sie in der Religionsgeschichte genannt.

Auch „Wüstenmütter" sind darunter, fromme Frauen, die sich in Askese üben und deren weise Gedanken zum Teil auch überliefert sind. Die Wüstenväter und -mütter leben in kleinen Gemeinschaften, aber auch als Einsiedler. Es ist ein Leben auf der steten Suche nach

Gott, in Stille, Gebet, Meditation. Viele Menschen sind fasziniert von der konsequenten Haltung, dem ungewöhnlichen Lebensstil dieser Einsiedler und Eremiten und suchen die Nähe dieser frommen Männer und Frauen. Zumindest für eine Weile wollen sie diesen Weg zum wahren, tiefen Glauben betreten, wollen leben in der Abgeschiedenheit, abgewandt von der Welt als „Mönche auf Zeit", wie wir heute sagen würden.

Es war wohl die Askese der Wüstenväter, die die Menschen der Spätantike zu Tausenden in die Wüste strömen ließ. „Askese" heißt in seiner ursprünglichen Bedeutung „Bußübung, Selbstüberwindung". Ein wahrer „Boom" an Gottsuche war da entstanden, ein „Run" auf ein Leben „um des Himmelreiches Willen" und der Hinwendung zu einer „anderen, einer kommenden Welt". Wer dort hinwollte, musste sich von bösen und störenden Gedanken befreien und gegen lauernde Dämonen wappnen, das beste Mittel gegen beides war Fasten.

Enthaltsamkeit macht fröhlich.

Die Selbstüberwindung der Wüstenväter war auch in der Tat bewundernswert. Über ihre Enthaltsamkeit gibt es ausführliche Berichte, sie müssen wahre Fastenmeister gewesen sein, die sich über Jahre hinweg, so die Legende, nur von Wasser, Brot, Salz, etwas Öl und wilden Kräutern ernährt haben. Und auch davon nahmen sie nur wenig zu sich. Einer der Wüstenväter, Altvater Apoll, nahm, obwohl bereits 80 Jahre alt, an Nahrung nur „was gerade an Pflanzen aus der Erde aufschoss, er aß kein Brot, keine Hülsenfrüchte, auch keine Früchte von den Bäumen". Und die Männer, die um ihn waren, enthielten sich jeden Tag bis zum Nachmittag jeglicher Speise, damit sie, wenn das eucharistische Mahl gefeiert wurde, völlig nüchtern den Leib des Herrn empfangen konnten. Und dennoch war unter ihnen „keiner, der traurig oder niedergeschlagen gewesen wäre". Enthaltsamkeit, so lässt uns der Chronist wissen, macht fröhlich.

Der Weg zu Gott, so sagte die fromme **Amma Synkletika**, eine der Wüstenmütter, bedeutet am Anfang „Kampf und Beschwerde." Fasten wurde als Herausforderung gesehen, als Kampf gegen den Leib und seine Bedürfnisse, als Sieg, den Geist und Willenskraft über den schwachen Körper mit seiner „Gier nach Essen und Trinken" erringen sollten. Wie immer, wenn etwas extrem betrieben wird, kam auch bei den frommen frühen Mönchen manches aus dem Lot.

„Die Üppigkeit der Weltleute soll dich nicht reizen, als wäre sie etwas Wertvolles, es geht doch dabei nur um Lust. Denn bei ihnen ist die Kochkunst in Ehren, aber durch Fasten und einfache Speise bist du dem Überfluss ihrer Nahrung überlegen."

„Eine Seele im Überfluss spottet der Honigwabe."

***Amma Synkletika**, Wüstenmutter*

Antonius von Ägypten (etwa 250 – 356) gilt als der Vater der frühen Mönche. In seiner Lebensgeschichte wird von ihm berichtet:

„Er aß einmal am Tag nach Sonnenuntergang; zeitweise nahm er nur alle zwei, oft sogar alle vier Tage etwas zu sich. Seine Nahrung bestand nur aus Brot und Salz und sein einziges Getränk war Wasser."

Viele der oft in Massen einströmenden Besucher interessierten sich bald mehr für die „Hungerkünste" als für die spirituelle Kraft der Wüstenmönche. Und bald wurde das Fasten immer öfter zum Selbstzweck, zu einem ehrgeizigen Wettkampf, bei dem aufgerechnet wurde, wer wie lange mit möglichst wenig Nahrung auskommen konnte. Damit war aber auch der Sinn dieses extremen Fastens in Frage gestellt. Es müssen ausgemergelte Gestalten gewesen sein, die da in der Wüste ihre Gebete zu Gott sandten.

Von einem Mönch Adolius wird berichtet, der vom vielen Fasten so abgemagert war, dass ihn Besuchende für ein Gespenst hielten. Eine Gruppe von Mönchen wiederum ernährte sich hauptsächlich von Kräutern, die sie mit der Sichel von den kargen Grasböden abschnitten. Und ein Mönch aus Alexandrien soll sich drei Jahre lang von winzigsten Mengen Brot, Wasser und einigen Öltropfen ernährt haben. Mit „einem Sextar (= 0,55 l) Öl", so hieß es, kam er ein Jahr lang aus. Wasser nahmen die damals so extrem Fastenden ebenfalls nur wenig zu sich. Dem heute so wichtigen Rat, täglich doch zwei bis drei Liter Wasser zu trinken, wären die frommen Männer mit Unverständnis begegnet.

Fasten als Vorbereitung für einen Weg zu Gott ist bis heute wichtig und gültig geblieben. Das extreme Fasten aber stieß selbst bei den frühen Mönchen bald auf Widerstand. Und so sprach der weise Poimen, einer der Väter und Vorsteher einer Mönchsgemeinschaft: „Ich will, dass jeder tagtäglich ein wenig isst." Und Bischof Palladius, der zwölf Jahre lang das Leben der Wüstenmönche geteilt hatte, erklärte: „Es ist besser, mit Vernunft Wein als mit Hochmut Wasser zu trinken."

Fasten soll man freiwillig.

Dennoch lebten auch in den ersten „richtigen" Klöstern, die im 4. Jahrhundert gegründet wurden, Mönche und Nonnen meist vegetarisch und tranken nur Wasser, keinen Wein. In diesen Klöstern gab es bereits feste Regeln für ein gemeinsames Leben, aufgestellt vom Klosteroberen, der von den Mönchen Gehorsam forderte und gleichzeitig für sie Verantwortung übernahm.

Die Regeln für das Zusammenleben wurden oft neu geschrieben und ergänzt, wirklich prägend für Mönchtum und Klosterleben waren die Regeln des Benedikt von Nursia (etwa 480 – 553), der 529 das Kloster von Montecasino gegründet hatte: die „Benediktusregel". Benedikt hielt nichts davon, den Mönchen und Nonnen allzu strenge Vorschriften zu machen.

Wer die Kraft hat streng zu fasten, darf das auch weiterhin tun. Aber er soll es freiwillig und nach Rücksprache mit seinem Abt machen, nicht unter Zwang fasten. Und schon gar nicht will Benedikt, dass das Fasten zum Selbstzweck wird und so wichtig, dass man darüber die Gebete und die Zuwendung zum Mitmenschen vergisst.

Eine Schamanin aus der Mongolei.

„Nehmt euch in acht, dass nicht die Unmäßigkeit euer Herz belastet!”

„Die Brüder sollen einander dienen. Keiner werde vom Küchendienst ausgenommen.”

(Regel des Benedikt 35,1)

„Nach unserer Meinung dürften für die tägliche Hauptmahlzeit.... zwei gekochte Speisen genügen. Wer etwa von der einen Speise nicht essen kann, dem bleibt zur Stärkung die andere. Zwei gekochte Speisen sollen also für alle Brüder genug sein. Gibt es Obst oder frisches Gemüse, reiche man es zusätzlich.”

(RB 39,1-3)

„Zwar lesen wir, Wein passe überhaupt nicht für Mönche, weil aber die Mönche heutzutage sich davon nicht überzeugen lassen, sollten wir uns wenigstens darauf einigen, nicht bis zum Übermaß zu trinken, sondern weniger.”

(RB 40,6)

Im Mittelalter gab es eine Reihe von teils strengen Fastenvorschriften für alle Christen, die auch strenge Regelungen über Tage und Zeiten, zulässige und verbotene Speisen mit sich brachten. Ein enges Korsett war entstanden, das später den Reformatoren um Martin Luther zu heftiger Kritik Anlass gab.

Luther selbst hatte die Fastenpraxis der Klöster am eigenen Leib erfahren und er, der ein Mensch mit ganz geringem Appetit war, meinte, dass für ihn reichliches Essen und Trinken anstrengender wäre als Fasten.

Als Heilmittel bei auftretenden theologischen Zweifeln empfahl Martin Luther daher eher reichliches Essen und Trinken. Gegen Fasten an sich hatte der Reformator gar nichts einzuwenden, wohl aber gegen ein Fasten, das den Menschen unter Zwang auferlegt wurde.

148 Fasttage hatte die katholische Kirche noch nach dem Ersten Weltkrieg. Erst im Zweiten Vatikanischen Konzil unter Papst Paul VI. 1966 wurde das Fasten neu definiert und die Fastenordnung sehr flexibel gestaltet.

Heute gelten im Kloster Aschermittwoch und Karfreitag als strenge Fasttage – dieselben Tage wie für alle Christen. Darüber hinaus wird während des ganzen Jahres Mittwoch und Freitag kein Fleisch gegessen, in vielen Klöstern gilt auch der Montag über große Zeiten des Jahres hinweg als fleischfreier Tag. „Abstinenztage" heißen diese Tage in der kirchlichen Fachsprache. Und nachdem für viele Mönche und Nonnen heute ein fleischloser Tag keine wirkliche Entbehrung bedeutet, leisten die geistlichen Damen und Herren an solchen Tagen ihren ganz persönlichen Verzicht, jede/r nach ihrer/seiner Wahl.

Benedikt und die Fastenzeit:

„Ein Mönch sollte dauernd ein Leben führen, wie man es in der Fastenzeit zu beobachten hat; weil aber nur wenige die Kraft dazu haben, raten wir, dass man wenigstens in diesen Tagen der Fastenzeit sein Leben in lauterer Wahrheit bewahre. Ebenso tilge man in diesen heiligen Tagen alle Nachlässigkeiten anderer Zeiten. Das verwirklichen wir am besten, wenn wir uns aller Fehler enthalten, und uns unter Tränen dem Gebet hingeben, ferner der Lesung und der Herzenszerknirschung, wie auch dem Verzicht. Fügen wir also unserer üblichen Dienstpflicht in diesen Tagen etwas hinzu: besondere Gebete und Verzichte beim Essen und Trinken."

Fasten kann eben nicht nur die Enthaltung von Speisen bedeuten, sondern, je nach individueller Lebenseinstellung, viel mehr. Das wusste schon Benedikt von Nursia, der zum Thema Fasten sagte: „So möge jeder über das ihm zugewiesene Maß hinaus aus eigenem Willen in der Freude des heiligen Geistes Gott etwas darbringen."

Pater Maximilian vom Stift Zwettl beim Knödelkochen

Knödel – die Sattmacher

Der Knödel ist rund – allerdings nicht immer. Manchmal wird aus Knödelteig auch eine Rolle geformt, in Wasser sanft geköchelt und in dicke Scheiben geschnitten. Und das ist dann auch ein Knödel, wenngleich kein runder. Was der Knödel aber in jedem Fall sein sollte: flaumig, weich und wenn auch manchmal deftig und gehaltvoll, so doch von zartem Geschmack. Knödel sollten auch stets frisch gekocht auf den Tisch kommen. Im Wasser sind sie locker-flaumig, aber je länger sie heraußen, sozusagen „am Trockenen" stehen, umso mehr sinken sie in sich zusammen. Das merkt man äußerlich gar nicht so sehr, aber die feine weiche Masse, die im Wasser so richtig „aufgelaufen ist", wie der Koch gern feststellt, zieht sich ein wenig zusammen und mindert so die Knödelpracht.

Knödel – frisch, weich und flaumig – so schmeckt er am besten.

Bayern ist ein Knödelland, so sagt man. Dasselbe gilt auch für Tirol oder Salzburg und im Prinzip für die Alpenländer. Und es hat viel mit der Geschichte dieser Landstriche zu tun. Noch vor hundert Jahren wurde nur von Zeit zu Zeit Brot gebacken und wenn, dann stets in großen Mengen. Das frische Brot war zwar begehrt, wurde aber von der Hausfrau nur in kleinen Portionen ausgegeben. Nicht zuletzt deshalb, weil es einfach „zu wenig ausgab", den Hunger also nicht so gut stillte wie alt gewordenes Brot, das schon gut gekaut werden musste. Dass das Brot hart wurde, war nicht weiter schlimm, denn es war dadurch ja nicht verdorben, sondern im Gegenteil auf natürliche Art gut konserviert. Aus dem hart gewordenen Brot bereitete man Brotsuppen – und natürlich Knödel. Der Knödel hat also im Ursprung viel mit dem Brot zu tun, er ist eine Art Resteverwertung des Hartbrots. Für die Knödel wurde das Brot entweder in Stücke gehackt oder zerrieben, dann mit Suppe oder Milch eingeweicht, die Masse danach mit Mehl gebunden, geformt und gekocht. Zugaben wie Eier sind bereits Zeichen des feinen Knödels, desgleichen die Verwendung von weichen Semmelwürfeln. In den Volksliedern vom Bodensee bis zum Chiemsee wird immer wieder von den „Knödeltagen" gesungen. Die waren zwar regional verschieden, aber zumindest 2-mal die Woche obligat. Und Knödeltag hieß auch immer, dass alle satt vom Tisch aufstehen konnten, denn Knödel waren einfach eine sättigende Speise. Dass später auch aus leichteren, kalorienärmeren Zutaten Knödel bereitet wurden, hängt mit dem Wohlstand zusammen. Und damit, dass nur mehr wenige Menschen tatsächlich Schwerarbeit leisten müssen und daher nicht auf die kalorienreiche Nahrung angewiesen sind.

Je kalorienärmer die Knödel, desto größer der Wohlstand.

Vielleicht hat auch die runde Form der Knödel die Fantasie manchen Kochs und mancher Köchin angeregt, die sich dann neuen Kreationen widmeten. Obwohl der Knödel im Ursprung doch so einfach und scheinbar unkompliziert bereitet wurde, haftet ihm ein kleines Geheimnis an. Das weiß jeder, dem einmal Knödel misslungen sind und der sich verzweifelt fragt: „Wie, zum Kuckuck, bleibt das Ding bloß rund?"

Frau Käthe, die Gasthausköchin, hat als junges Mädchen in einem Konvikt in Niederösterreich das Kochen erlernt. Die Konviktköchin war eine resche Frau und hat die jungen Mädchen mit strenger Hand dirigiert. Selbst die ehrwürdigen Schwestern hatten vor dieser Frau Respekt. Und dennoch war die Frau Hilde eines Tages wolkenweich und handzahm. An dem Tag nämlich, als sich hundertzwanzig Knödel im siedenden Wasser unter sanften „Plopp"-Geräuschen in ihre Bestandteile auflösten.

„Ui, da hat sie winseln können", erinnerte sich Frau Käthe noch, als sie selbst bereits in hohem Alter stand. Und ein breites Lächeln legte sich um ihr Gesicht, wenn sie nur daran dachte. „Ich bitt euch, helft's mir, hat sie immer wieder gesagt. Und daran gedacht, was sein wird, wenn die Konviktsschüler essen kommen und nichts da ist. Na, dann haben wir halt alle aufgelösten Teile wieder aus dem Topf gefischt, durchs Sieb laufen und auskühlen lassen und noch einmal mit Mehl gebunden."

Aus dieser Erinnerung heraus hat Frau Käthe später auch jedes Mal, wenn sie Knödel in einen Topf mit dem siedenden Wasser gelegt hatte, darauf gewartet – beinahe gelauert, was passiert. Und erst, nachdem die Knödel an die Wasseroberfläche gestiegen sind, hat sie sich vom Herd weggewagt und zufrieden gesagt: „Na also, sie tanzen schon."

Ein ganz besonderes Kloster ist die Benediktinerinnenabtei Frauenwörth im Chiemsee. Das Kloster ist von der Bahnstation Prien am Chiemsee aus mit dem Schiff zu erreichen, es liegt auf einer Insel – auf der Fraueninsel. Frauenwörth ist neben dem Salzburger Nonnberg das älteste heute noch bestehende deutschsprachige Frauenkloster nördlich der Alpen.

Um 850 stand die Äbtissin Irmgard der Abtei vor, sie wurde später selig gesprochen, ihr Andenken wird im Kloster hochgehalten. Jahrhundertelange Tradition hat der Klostergarten hier in Frauenwörth. Am „Klosteranger" wurde früher Obst und Gemüse gepflanzt, heute gibt es dort auch einen wundervollen Kräutergarten, der nach den Weisungen der Hildegard von Bingen, die ja ebenfalls Benediktinerin war, angelegt wurde.

Heute leben 34 Schwestern im Kloster Frauenwörth, viele betagte Nonnen verbringen hier ihren Lebensabend. Die zwei wöchentlichen Fasttage werden, wie Schwester Benedikta berichtet, sehr individuell

Fasten hat nicht immer mit dem Essen zu tun.

begangen. „Wir kochen ja grundsätzlich gesund, es gibt viel Gemüse und Salate und viele fleischlose Speisen. Wir leben nicht wirklich vegetarisch, aber trotzdem essen wir sehr wenig Fleisch. Mittwoch, Freitag und Samstag sind auf jeden Fall fleischlos." An Fasttagen werden die Speisen daher einfach reduziert, ein wenig karger gehalten, das beginnt schon beim Frühstück. Mittags gibt es dann vielleicht einmal einen Eintopf und ein Stück Brot oder andere einfache, fleischlose Gerichte. Wer von den Nonnen fasten will, entscheidet das für sich. Jede nimmt sich zurück, grenzt sich ein in jenem Bereich, der für sie wichtig ist.

„Fasten", so sagt Schwester Benedikta, „ist eine ganz persönliche Angelegenheit. Und es hat nicht immer auch mit Essen zu tun. Da ist so vieles, auf das man verzichten kann."

Das Kloster selbst hat seine Tore für Gäste geöffnet und bietet Besinnungs- und Einkehrtage, Exerzitien, Meditationskurse und vieles mehr an. Nun ist ein Besuch im Kloster ja grundsätzlich ein Eintritt in eine andere Welt. In Frauenwörth aber erlebt man die Abgeschiedenheit doppelt – vor allem durch das ständige Bewusstsein, auf einer Insel zu leben, einer Insel der Stille und Geborgenheit.

Fastenknödel

Zur Erinnerung an frühere, karge Zeiten, werden in manchen Klosterküchen noch die kompakten Knödel aus Mehl bereitet. Es sind ganz einfache Knödel, die in Notzeiten aus verschiedensten Mehlsorten, auch aus dunklem Roggenmehl gemacht wurden. Heute empfiehlt sich vor allem Dinkelvollmehl, Buchweizenvollmehl oder Weizenvollmehl. Auch eine Mischung mehrerer Mehlsorten ist möglich.

Zutaten:

250 g Mehl,
1 Teelöffel Salz,
2 Tassen warme Gemüsebrühe (nach und nach verwenden!)

Zubereitung:

Mehl und Salz in eine Schüssel geben, mit ein wenig Brühe vermischen und gut durchrühren. Es soll ein fester Teig entstehen, daher die Flüssigkeit am besten in kleinsten Portionen zugießen. Aus der Masse kleine Knödel formen, in siedendes Salzwasser legen und etwa 20 Minuten sieden lassen.

Die Knödel werden gerne in Suppe serviert, passen aber auch als Beilage zu kräftigen Speisen wie Bohnen, Kraut oder Ratatouille.

Stift Geras

Grießknödel (Vollkorn)

Zutaten:

500 ml Milch,
120 g Vollkorngrieß (auch Dinkelgrieß passt gut),
1 Teelöffel Salz,
60 g Butter,
2 Eigelb

Zubereitung:

Milch salzen und in einem nicht zu schmalen Gefäß zum Kochen bringen. Den Grieß einlaufen lassen, gut umrühren und einmal aufkochen lassen. Von der Flamme nehmen und überkühlen lassen. In der Zwischenzeit die Butter verrühren, Eigelbe beifügen und gut miteinander vermischen. In diesen Abtrieb wird die recht kühle Grießmasse eingerührt. Knöderl formen und in siedendes Wasser einlegen, etwa 10 Minuten sieden lassen (nicht kochen).

Die Grießknödel sollten nicht zu groß werden, lieber drei Stück auf einem Teller servieren als einen großen Knödel. Zu den Knödeln passt Salat, Gemüse, Linsen oder auch eine Tomatensoße.

Semmelknödel

Zubereitung:

Eier und Milch vermischen, salzen, über die Semmelwürfel gießen und etwa 10 Minuten einziehen lassen. In der Zwischenzeit Zwiebel schälen und fein hacken, in Fett goldgelb anrösten, Petersilie dazugeben, kurz mitrösten, danach überkühlen lassen und mit den Semmelwürfeln vermischen. Grieß beifügen, gut durcharbeiten und nochmals 10 Minuten stehen lassen, damit die Masse anzieht.

Wasser in einem breiten Topf zum Sieden bringen, mit feuchten Händen Knödel formen, einlegen und etwa 20 Minuten sieden lassen.

Semmelknödel sind eine ideale Beilage zur Pilzsoße, aber auch zu deftigen Gemüsemischungen und Sauerkraut oder pikantem Kraut (Paprikakraut).

Aus den übrig gebliebenen Knödeln wird am nächsten Tag eine der beliebtesten Fastenspeisen bereitet: Geröstete Knödel mit Ei.

Zutaten:

400 g getrocknete Semmelwürfel,
40 g Butter,
1 kleine Zwiebel,
etwas gehackte Petersilie,
250 ml Milch,
3 Eigelb (oder 2 ganze Eier),
1 Teelöffel Salz,
4 Esslöffel Grieß (auch Vollkorngrieß)

Geröstete Knödel mit Ei

Zutaten:

je nach Größe der Knödel rechnet man pro Person etwa 1 1/2 fertige Knödel und etwa 1 1/2 – 2 Eier, dazu Butter zum Anrösten, etwas Milch, Salz, etwas gehackte Kräuter.
Für diese Speise eignen sich alle Knödel.

Zubereitung:

Die kalten Knödel in Scheiben schneiden. Eier mit Milch und Salz in einem breiten Gefäß gut durchmischen.

Butter in einer Pfanne erhitzen, Knödelscheiben einlegen und sanft anrösten, dabei wenden. Sind sie gut angebraten, die gut verquirlten und gewürzten Eier darüber gießen und alles schön goldgelb anbacken.

Die fertige Speise mit gehackten Kräutern bestreuen.

Bei großen Mengen empfiehlt es sich, mehrere kleinere Portionen nacheinander zu bereiten.

Zu den gerösteten Knödeln passt am besten Salat.

Bei den Augustiner Chorherren in Klosterneuburg kommen geröstete Knödel mit Ei an Fasttagen immer wieder auf den Tisch.

Spinatknödel

Spinatknödel werden wie Semmelknödel bereitet, nur dass man die Milch halbiert und dafür etwa 250 g Blattspinat (am besten tiefgekühlt; er muss auftauen, gut abtropfen und wird grob gehackt, mit Pfeffer, Muskat und zwei zerdrückten Knoblauchzehen gewürzt) beifügt. Die Knödel bekommen dadurch eine wunderbare grüne Farbe und schmecken gut.

Der Küchenchef des Stiftes Geras serviert zu seinen Spinatknödeln gerne eine feine Tomatensoße.

Auch eine leichte weiße Kräutersoße passt gut dazu oder einfach Salat.

Kürbisknödel

Kürbisknödel werden wie Spinatknödel bereitet. Beigefügt werden etwa 150 g fein geriebener Kürbis, der allerdings in einem Tuch gut ausgepresst wird, damit der Knödelteig nicht zu viel Feuchtigkeit enthält.

Käseknödel

Käseknödel werden wie Semmelknödel bereitet. Beigefügt werden zusätzlich etwa 100 g geriebener Hartkäse, der gut in die Masse eingearbeitet wird. Die fertigen Knödel werden, sofort wenn sie aus dem Wasser gehoben werden, mit geriebenem Käse überzogen, der auf den heißen Knödeln zergeht.

Dazu passt am besten Salat.

Bohnenknödel

In Bayern und im Burgenland, ganz nah an der ungarischen Grenze, werden die Semmelknödel auch gerne mit gekochten Bohnen vermischt. Eine deftige Speise, die zu Salat oder auch zu Tomatensoße gereicht wird. Bohnenknödel werden im Prinzip wie Semmelknödel bereitet, zusätzlich nimmt man etwa 200 g gekochte Bohnen.

Böhmische Knödel

Das ist eine Beilage, die in Fastenzeiten z. B. zu einer Pilzsoße oder auch zu Gemüse (grüne Fisolen) gereicht wird. Böhmische Knödel machen gut satt und eignen sich auch für eine große Runde hungriger Esser. Sie sind aber nicht kugelig, sondern zu einer Rolle geformt, von der Scheiben abgeschnitten werden.

Zutaten:

350 g Mehl,
2 Eier, 1 Päckchen Trockenhefe,
125 ml Milch,
Semmelwürfel von 3 Semmeln,
1 kleine Zwiebel,
etwas Butter,
2 Esslöffel gehackte Petersilie, etwas Salz

Zubereitung:

Mehl und Trockenhefe vermischen, in eine Schüssel geben, Milch, Salz und Eier dazugeben. Gut durchrühren, dann die Schüssel mit einem Tuch zudecken und beiseite stellen. Zwiebel fein hacken, in Butter goldgelb anrösten, Petersilie kurz mitrösten, alles überkühlen lassen. Die Zwiebelmasse kommt nun in den Teig, wird gut durchgeknetet. Den Teig aus der Schüssel nehmen, auf eine bemehlte Arbeitsfläche geben und nochmals durchkneten, dann zu zwei Rollen formen. Die Rollen sollen nicht dicker als etwa 7 cm sein, denn der Teig geht auf. Am besten werden die Knödel, wenn man sie jetzt noch ein wenig rasten lässt. Dazu die Rollen mit einem Tuch bedecken.

In einem möglichst breiten Topf Salzwasser zum Sieden bringen. Die Rollen einlegen – dabei immer bedenken, dass sie rund um ein Drittel größer werden. Die Knödel müssen etwa 25 Minuten sanft ziehen, nach der Hälfte der Zeit werden sie mit Hilfe zweier Holzlöffel umgedreht, so dass jede Rollenseite eine Zeit lang im Wasser liegt.

Danach vorsichtig herausnehmen und vor dem Servieren in daumendicke Scheiben schneiden.

Klosterneuburger Knödel

Zutaten:

Semmelwürfeln aus 5 altbackenen Semmeln, 125 ml Milch, 4 Eier, 150 g Butter, 1 Bund Petersilie, 40 g Vollkorngrieß, 1 Teelöffel Salz, 1 große Stoffserviette oder ein Küchentuch, Butter zum Einfetten

Zubereitung:

Milch, Salz und Eier gut verquirlen. Semmelwürfel in eine Schüssel geben, mit der Flüssigkeit übergießen und ziehen lassen. Petersilie fein hacken und darunter mischen. In einer zweiten Schüssel die Butter schaumig rühren, Semmelmasse und Vollkorngrieß dazugeben, gut durchrühren.

Eine Stoffserviette gut mit Butter einfetten, die Semmelmasse darin einschlagen, sodass eine schöne große Rolle entsteht. An beiden Enden mit einer Schnur zubinden. In einem entsprechend großen Topf Wasser zum Sieden bringen und die Rolle hineinlegen und eine gute halbe Stunde sieden lassen.

Vor dem Servieren den „Knödel" aus der Serviette nehmen und in etwa 2 Finger dicke Scheiben schneiden.

Er wird zu Salat gereicht, zu Soßen oder zu feinem Gemüse.

Topfenknödel als pikante Speise

Zubereitung:

Die Semmeln in Würfel schneiden und mit Milch befeuchten. Butter und Eier schaumig rühren, Topfen und Salz dazugeben und gut durchmischen. Nun die Semmelwürfel beifügen und den Grieß unterrühren. Die Masse etwa 30 Minuten ziehen lassen. Danach noch einmal durcharbeiten, notfalls noch etwas Grieß einrühren. Nicht zu große Knödel formen, in leicht gesalzenes siedendes Wasser legen und etwa 15 Minuten ziehen lassen.

In der Zwischenzeit in einer Pfanne die Butter zerlaufen lassen und die Semmelbrösel sanft anrösten. Die fertigen Knödel mit den gerösteten Semmelbrösel bestreuen.

Zu den Topfenknödeln passt Salat, Gemüse wie Zucchini oder Porree, eine Ratatouille oder Tomatensoße.

Aus demselben Teig kann auch eine **Süßspeise** bereitet werden.

Dazu werden die fertigen Knödel entweder nur mit Zucker bestreut und dazu Kompott oder Mus gereicht. Oder aber sie können auch mit Obst – z. B. Marillen – gefüllt werden und werden dann wie vorher beschrieben fertig gestellt.

Zutaten:

400 g Topfen,
50 g Butter,
2 Eier, ein wenig
Salz, 2 altbackene
Semmeln, etwa
1/8 l Milch,
3 Esslöffel Grieß

zum Bestreuen:
40 g Butter,
60 g Semmelbrösel

Kartoffelknödel

Zutaten:

1 kg Kartoffeln,
200 g Kartoffelmehl,
3 Esslöffel Grieß
(„eine Hand voll"
sagt die Köchin),
1 Teelöffel Salz

Zubereitung:

Kartoffeln kochen, schälen und heiß durch die Kartoffelpresse drücken oder durch die Faschiermaschine laufen lassen. Salz, Mehl und Grieß in die warme Masse geben und gut durchmischen. Wasser zum Sieden bringen, Knödel einlegen und etwa 20 Minuten ziehen lassen.

Die Kartoffelknödel passen zu pikantem Kraut (Paprikakraut), zu deftigen Gemüsemischungen oder zu Salat. Werden sie zu Salat gegessen, können sie nach dem Kochen auch in gerösteten Bröseln gewälzt werden.

Dieser Kartoffelteig ist vielseitig verwendbar – für pikante genauso wie für süße Füllungen. Man kann die Knödel mit Obst (z. B. Zwetschken) füllen und die fertigen Knödel in gerösteten gezuckerten Bröseln wälzen.

Aus demselben Teig bereitet man auch:

Kartoffelnudeln

Zubereitung wie Kartoffelknödel. Daraus wird eine Rolle geformt, von der man mit einem Messer Stücke abschneidet, aus denen man kurze, dicke Nudeln macht (walzenförmig). Sie werden für etwa 10 Minuten in siedendes Salzwasser gelegt. Herausnehmen, gut abtropfen lassen und in gerösteten Bröseln wälzen.

Kartoffelnudeln passen gut zu Salat, können aber auch genauso als Süßspeise serviert werden, indem sie am Schluss überzuckert werden. In diesem Fall wird Kompott dazuserviert.

Apfelknödel

Zubereitung:

Äpfel schälen und raspeln und mit den anderen Zutaten zu einem Teig verarbeiten. Rasch arbeiten, damit die Äpfel nicht braun werden. Wasser zum Sieden bringen, kleinere Knödel formen und einlegen und etwa 10 Minuten ziehen lassen.

Nun Butter in einer Pfanne zerlaufen lassen, Brösel darin goldgelb anrösten. Die fertigen Knödel in diesen Bröseln wälzen, mit Zucker bestreuen und servieren.

Zutaten:

500 g Äpfel,
120 g Mehl,
2 Esslöffel Grieß,
eine Prise Salz, 1 Ei

Zum Bestreuen:
80 g Brösel,
60 g Butter, Zucker

Apostelknödel

Zutaten:

6 altbackene Semmeln (oder eine entsprechende Menge Weißbrot), 350 ml Milch, 2 Esslöffel Zucker, 2 Eigelb, Semmelbrösel zum Panieren, 2 Eiweiß, weißes Fett (z. B. Kokosfett) zum Ausbacken, etwas gemahlenen Zimt und Staubzucker zum Bestreuen

Eine Süßspeise und ein beliebtes Abendessen an den wöchentlichen Fasttagen.

Zubereitung:

Die Semmeln entrinden (am besten reibt man sie auf einer Reibe außen fein ab) und in große Würfel schneiden. Milch, Eigelbe und Zucker gut verrühren, über die Semmelwürfel gießen und etwas stehen lassen. Die Masse gut abtropfen lassen. Eiweiße gut durchrühren, aber nicht zu Schnee schlagen. Aus der Masse Knödel formen. Die Knödel werden zuerst durch die Eiweiße gezogen und danach in den Semmelbröseln gewälzt. In einer Pfanne Fett erhitzen und die Knödel darin ausbacken. Die Knödel werden noch heiß mit Zucker und Zimt bestreut.

Dazu reicht man, je nach Jahreszeit, heißen Tee oder Fruchtsaft.

In der modernen Klosterküche von Wörishofen werden diese Apostelknödel „Kartäuserknödel" genannt. Die Schülerinnen der Haushaltsschule von Wörishofen lernen und erproben die alten Kneipp-Rezepte und dürfen sie – unter Anleitung – dem heutigen Geschmack anpassen.

Auch im Kochbuch „Die Klosterküche von Wörishofen – ein praktisches Kochbuch im Sinne Kneipps" aus dem Jahr 1892 kommt dieses Rezept vor, wenn auch ein wenig kärglicher:

Gemeine gebackene Knödel

Reibe für zwei Personen zwei Semmeln, gib heißes Schmalz darauf, feuchte sie mit lauwarmer Milch an, nimm ein Ei, dann Salz, Citronen, Muskatnuss, menge den Teig leicht durcheinander, forme die Knödel und backe sie im Schmalz.

Ebenfalls aus dem Kochbuch „Die Klosterküche von Wörishofen – ein praktisches Kochbuch im Sinne Kneipps" aus dem Jahr 1892:

Abgetrocknete Knödel

Nimm für drei Personen zwei Semmeln, zerschneide dieselben, thue sie in kaltes Wasser, drücke sie gut aus und mache in einem Pfännchen ein wenig Schmalz heiß und röste mit demselben das Brot gut ab; hernach thue es in eine Schüssel, schlage zwei Eier daran, gib Salz, fein gewiegte Citronen, Muscatnuss und feingeschnittenen Schnittlauch dazu. Nachdem alles gut durcheinander gemengt worden ist, mache schöne runde Knödel und gib sie in die siedende Fleischsuppe.

Ägypten, Oase Siva

Fasten im Islam

Der Ramadan, der islamische Fastenmonat, hat keinen feststehenden Termin. Der islamische Kalender orientiert sich am Mond, daher verschieben sich die Monate jedes Jahr um zehn oder elf Tage. Der Ramadan, der neunte Monat, kann so in die verschiedensten Jahreszeiten fallen, auch in den Sommer. Ein dreißigtägiges Fasten in der heißen Saison ist eine Herausforderung, vor allem im Orient überaus anstrengend und fordert ein hohes Maß an Selbstbeherrschung. Während des ganzen Tages dürfen die gläubigen Muslime nichts essen und nichts trinken. Auch das Rauchen und Einatmen jeglicher Wohlgerüche ist verboten, desgleichen der Geschlechtsverkehr und auch allzu starke emotionale Ausbrüche. Der Ramadan soll ein Monat der Enthaltsamkeit sein, des Gebets, der Vertiefung in das heilige Buch, den Koran (Qur'an).

„Ihr Gläubigen! Euch ist vorgeschrieben, zu fasten, so wie es auch denjenigen, die vor euch lebten, vorgeschrieben worden ist. Fastenzeit ist der Monat Ramadan, in dem der Koran erstmals als Rechtleitung für die Menschen herabgesandt worden ist. Wer nun von euch während des Monats anwesend ist, soll in ihm fasten."

(Aus der 2. Sure des Koran)

Das tägliche Fasten beginnt noch vor Sonnenaufgang und zwar dann, wenn man „einen weißen Faden von einem schwarzen unterscheiden kann" und endet erst, wenn die Sonne ganz untergegangen ist. Für alle erwachsenen Männer und Frauen ist das Fasten religiöse Pflicht. Wie in allen anderen Religionen gibt es Menschen, die vom Fasten befreit sind – Alte, Kranke, schwangere und stillende Frauen und Reisende. Am Abend, nach Sonnenuntergang, wird eine Mahlzeit gereicht, die nicht zu üppig sein sollte. Vor Sonnenaufgang kann auch noch ein leichter Imbiss genommen werden. Viele Berichte aus islamischen Ländern erzählen davon, dass die Abendmahlzeit zu Ramadan vor allem bei wohlhabenden Familien dennoch besonders reichlich ausfällt. Oft gibt es festliche Tafeln, bei denen mehrere Gänge serviert werden. Für die Armen ist diese Sitte ein Segen – viele werden beschenkt, Bettler mit Speisen versorgt. Gilt doch das Abendmahl nur dann als gesegnet, wenn man es mit den Armen teilt. Und während des Fastenmonats sollten die gläubigen Muslime ihren Mitmenschen freundlich und freigiebig begegnen.

Begonnen wird das nächtliche Fastenbrechen traditionell mit Datteln und Wasser. Oft wird Jogurtsuppe gereicht, Bohnen in Olivenöl, geschmortes Fleisch und süßer Nachtisch.

Das arabische Wort für fasten heißt sawm und bedeutet stillstehen. Fasten ist also als Zeit des In-sich-Gehens, des Besinnens gedacht.

Und als Zeit des intensiven Gebets. Doch der Ramadan ist auch eine Zeit der Freude und der Fröhlichkeit. Drei Tage vor Ende der Fastenzeit beginnt die „Heilige Nacht", die „Nacht der Bestimmung" – Leilat al-qadr. Zum Gedenken an jene Nacht vom 26. auf den 27. Tag dieses Monats, in der der Prophet Mohammed seine erste Offenbarung erhielt, die Allah, der Herr, ihm zuteil werden ließ. Die „Nacht des Ratschlusses Allahs" gilt als besonders segensreich, da in dieser Nacht der Koran auf die Erde gesandt wurde.

„Die Nacht der Bestimmung ist besser als tausend Monate. Die Engel und der Geist kommen in ihr mit der Erlaubnis des Herrn hinab … Sie ist voller Heil und Segen."

(97. Sure des Koran)

Der überbringende Bote war übrigens der Erzengel Gabriel. Auf diese Offenbarung auf dem Berg Hira hat sich Mohammed durch Fasten vorbereitet.

7
8
10

Der Prophet Mohammed hat selbst noch das Fasten nach jüdischem und christlichem Vorbild eingehalten. Erst im zweiten Jahr der hidrja setzte er das einmonatige Fasten als eine der fünf Säulen des Islam fest. Das Fasten ist jener Grundpfeiler dieser Religion, der am strengsten eingehalten wird.

Vom Propheten Mohammed sind folgende Worte überliefert:

„Wenn der Monat Ramadan beginnt, werden die Tore der Barmherzigkeit geöffnet!"

Daher wird auch das Ende des Ramadan ausgiebig gefeiert. Id al-fitr heißt das Fest des Fastenbrechens, auch „der kleine Bairan", es dauert drei Tage und gilt als eines der beiden kanonischen Hauptfeste des Islam. Oft wird das Fest auch Zuckerfest genannt, denn viele muslimische Familien beschenken einander – und vor allem die Kinder – mit Süßigkeiten. Am letzten Tag des Fastenmonats wird ein Hammel geschlachtet – zur Erinnerung an das Opfer, das Abraham zu geben bereit war. Dass dies derselbe Abraham ist, den Juden und Christen verehren, gibt dem Fest noch eine weitere, besondere Bedeutung für alle Menschen – über alle religiösen Trennungen hinweg.

Gebet zum Fastenbrechen am Abend:

„O Allah, um deinetwillen habe ich gefastet,
an dich glaube ich,
und mit deiner Nahrung breche ich mein Fasten,
darum nimm es von mir an.
Im Namen Allahs, des Gnädigen, des Barmherzigen."

Nockerln & Nudeln & Strudel

Traditionell sind es sättigende Speisen, die an Fasttagen auf den Tisch kommen. Das hat noch immer mit der alten Regel zu tun, die besagt, man solle sich nur „ein Mal am Tag sättigen". Dieses eine Mal aber sollte man eben wirklich satt werden. Und so sind es recht handfeste Speisen, die da bereitet werden. „Hausmannskost" sozusagen, nicht wirklich deftig, aber kräftig und magenfüllend, Speisen aus Mehl, die vor allem in den bäuerlichen Haushalten zu Hause waren. Weil die Zutaten vorrätig waren und nicht angekauft werden mussten, das war den Bauersleuten stets wichtig. Mehl und Wasser, etwas Salz und wenn's hoch hergeht, ein oder zwei Eier dazu. Mehr brauchte man nicht, um den Teig für Nockerln, Nudeln oder Strudel herzustellen. Die Handfertigkeit der Bauersfrauen war groß, wurde aber kaum jemals gewürdigt.

Mehl, Wasser, Salz – und fertig war der Teig.

Riesige Strudel wurden da Tag für Tag bereitet, ein großes Tuch lag über dem Esstisch, genauso groß wie das Tuch war der dünn ausgezogene Teig, der darauf lag. Kein Fertigprodukt, versteht sich, sondern schön von Hand gemacht und aus einer kleinen Teigkugel ausgezogen. An Füllungen kam darauf, was vorrätig war oder der Jahreszeit entsprechend geerntet werden konnte: Rübengemüse genauso wie Bohnen, Äpfel wie Zwetschken, Pilze oder Kartoffeln. Dann wurde er karg gewürzt, denn die Gewürze mussten gekauft werden, eingerollt, aufs Backblech gelegt und gebacken. Der Strudel hatte den Vorteil, dass er auch morgens gebacken und erst abends, wenn alle vom Feld heimkamen, gegessen werden konnte.

So genannte „schnelle Speisen", die für uns moderne gestresste Menschen heute so wichtig sind, waren vor hundert Jahren für Bäuerinnen und Arbeiterfrauen Alltagsspeisen. Daher auch die vielen Nudelgerichte – einfach Teigwaren kochen, ein paar Eier darüber schlagen oder etwas Käse oder ein wenig Gemüse und schon war die Mahlzeit auf dem Tisch. Gerichte, die heute in feinen Lokalen „Tagliatelle an Kürbisgemüse" oder „Breite Nudeln in Oberssoße mit Erbsenschoten und jungen Karotten" heißen, standen in zwar kärglicheren Variationen, aber im Prinzip doch sehr ähnlich, früher auch auf den Mittagstischen der Armen.

Nocken waren oft eine Speise der Männer, Gerichte, die die Bergarbeiter zum Beispiel selbst in ihren Quartieren bereiteten. Oder die die Holzhacker abends in der Hütte am offenen Feuer fertig stellten. Meist hatten sie die fertigen Nocken von daheim mitgenommen und „schmalzten sie ordentlich ab", das hieß, sie rösteten sie einer Pfanne in reichlich Fett. Und übergossen sie dann mit Eiern, Speck oder Käse – eine kräftige Mahlzeit für hart arbeitende Menschen.

Die Nockerln, Nudeln & Strudel, die heute an Fasttagen bereitet werden, sind lange nicht mehr so reichhaltig. In den Klosterküchen wird längst nach den Grundsätzen der modernen Ernährungswissenschaft gekocht, an Fett und Eiern gespart und reichlich Gemüsebeilagen und Salat angeboten.

Früher wurden Nudeln und Nockerln mit viel Eiern, Speck und Käse zubereitet.

Nockerln sind nicht länger deftig, sondern leicht und duftig und werden gerne aus Vollkornmehlen, vor allem aus Weizen- oder Dinkelmehl bereitet. Auch für die Nudelspeisen sind Vollkornteigwaren heute beinahe selbstverständlich. Nur für den Strudelteig nimmt man meist noch das schöne glatte Mehl, weil es sich einfach besser ausziehen lässt. Obwohl die wirklichen Vollkorn-Profis darauf schwören, dass sich auch aus fein gemahlenem Vollmehl gute Strudel machen lassen.

Im Jahr 1892 haben die Klosterschwestern von Wörishofen in Bayern ein Kochbuch herausgegeben: „Die Klosterküche von Wörishofen. Ein praktisches Kochbuch im Sinne Kneipps. An der Hand des hochwürdigsten Herrn Pfarrers zusammengestellt von einigen Schwestern".

Die Rezepte sind durchaus kräftig und deftig, der Tradition des Landes verbunden, also bodenständig. Pfarrer Kneipp schrieb das Vorwort zum Kochbuch und schon nach einigen Monaten war die erste Auflage ausverkauft. Im Februar 1967 haben die Schwestern von Wörishofen dieses Kochbuch in einer neuen, überarbeiteten Form im Selbstverlag herausgegeben. Die Rezepte wurden ergänzt, erweitert, manchmal verändert, aber allesamt in der Haushaltsschule ausprobiert.

In der Originalausgabe hat Pfarrer Kneipp noch darauf vertraut, dass ohnehin jede, die das Kochbuch in die Hand nimmt – und damals richtete es sich in erster Linie an Frauen – das Kochhandwerk beherrscht und nur Anleitungen und Grundinformationen benötigt. Die Angabe von Gewürzen zum Beispiel sind eher dürftig. Kneipp begründet dies aber im ersten Kapitel:

Der Geschmack ist das Maß beim Würzen, das Gefühl bei Koch- und Backzeiten.

„Der Geschmack ist der Anhaltspunkt für das richtige Maßhalten beim Salzen und Säuern, beim Schmalzen und Würzen."

Auch Koch- oder Backzeiten der Speisen sind nicht detailliert angegeben. Die Köchin möge, so der Herr Pfarrer, doch gut beobachten:

„Das Gefühl, der Tastsinn ist behilflich beim Feststellen, wie viel Salz und Gewürz in die Speise gehört, dient aber auch vortrefflich zum Prüfen, was weich und was hart, was dick und was dünn ist."

Im Vorwort zum Kochbuch schreibt Sebastian Kneipp mit Datum 17. August 1892:

„Dieses Kochbuch gibt Anleitung, wie die Speisen mit einfachen und gesunden Nährmitteln bereitet werden sollen, dass sie gut nähren, die Gesundheit erhalten und die Natur in ihrer Kraft unterstützen.

Da ich immer das Einfache geliebt und jetzt noch mehr liebe, weil ich so vielfach das Verderbliche der modernen Kost gesehen, veranlasst mich dies ganz besonders, dieses einfache Kochbuch zu empfehlen ..."

Das Kloster der Dominikanerinnen in Bad Wörishofen wurde 1721 gegründet. 1855 kam Sebastian Kneipp als

Pfarrer und Beichtvater der Nonnen nach Wörishofen und blieb dort bis an sein Lebensende. Dass der Priester mit seiner Gesundheitslehre und der Wassertherapie die Leiden vieler Menschen lindern konnte, sprach sich schneller herum als Kneipp lieb war. Für den Ort Wörishofen und letztlich auch für den Fortbestand des Klosters war Pfarrer Kneipp ein riesiger Gewinn. 1860 wurde das erste Badehäuschen im Hof des Klosters errichtet – heute steht dort ein Brunnen. 1889 begann der offizielle Kurbetrieb und drei Jahre später besuchten bereits über zwölftausend Kurgäste Wörishofen.

Heute ist die Kuranstalt Wörishofen die zentrale Hauptaufgabe der Ordensfrauen. Unter den Schwestern finden sich ausgebildete Bademeisterinnen und Masseurinnen, sie sind Fachfrauen im Bereich der Diätküche und Profis der Vollwertküche, betreiben Kräutergarten und Biohof und ihr Alltag ist reichlich mit Arbeit ausgefüllt.

Käsespätzchen

Es wird genommen die Hälfte Semmelmehl und die Hälfte Kochmehl, ein wenig Salz und ein Ei, gut zerrührt; man gibt etwas Wasser zum Ei und mengt es an obiges Mehl, dass es ein ziemlich starker Teig wird; man gibt diesen Teig durch einen Seiher in siedendes Wasser und zugleich ein wenig Butter in eine Casserole, lässt sie zergehen und gibt dann die im Wasser aufgekochten Spätzchen darein. Man macht eine Lage von den Spätzchen, dann gibt man feingeschnittene Käseschnitzchen darüber, dann wieder eine Lage Spätzchen; so verfährt man, bis alles fertig ist, dann deckt man sie zu und lässt sie solange auf dem Feuer, bis sie gut heiß sind; bevor man sie zu Tisch gibt, werden feingeschnittene Zwiebeln und Semmelbrösel, beides im Schmalz gelb geröstet, darüber geschüttet.

Wasserspatzen

Zutaten:

350 g Mehl,
etwas Salz, 2 Eier,
200 ml Wasser,
1/8 l Milch,
Petersilie zum
Bestreuen

Die „Spatzen" zählen zu den einfachsten Nockerln, sie bestehen im Grunde nur aus Mehl, Salz und Wasser. Heute gibt man doch meist ein Ei und etwas Milch dazu, damit sie feiner werden.

Zubereitung:

In eine Schüssel Mehl geben, die restlichen Zutaten dazu und gut vermengen. Den Teig gut durcharbeiten, er soll dick und zäh werden. Einen breiten Topf mit gesalzenem Wasser zum Sieden bringen. Für die Form kleiner Spätzle wird der Teig durch ein Spätzlesieb ins Wasser gedrückt. Für die etwas größeren Nockerln gibt man den Teig auf ein Holzbrett und trennt mit dem Messer kleine Nockerln ab und lässt sie ins siedende Wasser fallen. Die Nockerln etwa fünf Minuten mehr ziehen als kochen lassen. Danach abseihen, mit kaltem Wasser kurz übergießen („abschrecken"), in etwas Butter schwenken und mit gehackter Petersilie bestreuen.

Diese Nockerln sind eine vorzügliche Beilage und werden auch zu weiteren Speisen verarbeitet:

Gemüsespätzle

Für die Gemüsespätzle werden fertige Wasserspatzen mit gemischtem gekochten Gemüse vermengt, ein wenig in Butter geschwenkt und mit frischen Kräutern bestreut.

Das ergibt einen schönen bunten Teller, der auch das Auge erfreut.

Käsespätzle

Für die Käsespätzle werden fertige Wasserspatzen mit grob geriebenem Hartkäse bestreut, wobei man eine kleinere Schüssel nimmt und zumindest zwei Lagen Spätzle übereinander schlichtet, dazwischen wird eine Lage Käse gestreut. Auch obenauf kommt Käse, darüber werden noch geröstete Zwiebelringe gestreut.

Dazu passt Salat.

Eiernockerln

Eiernockerln werden im Augustiner Chorherren Kloster in Klosterneuburg traditionell am Aschermittwoch serviert.

Für Eiernockerln werden fertige Wasserspatzen in einer Pfanne mit zerlassener Butter sanft angeröstet. Eier werden in einer Schüssel gut durchgeschlagen, gesalzen und über die bereits gut warmen Nockerln gegossen und leicht gebraten. Pro Person rechnet man etwa 1 1/2 bis 2 Eier.

Die fertigen Eiernockerln mit Schnittlauch bestreuen und servieren.

Dazu passt Salat.

Polenta-Nocken

Zutaten:

300 g Maisgrieß (Polenta),
1 Teelöffel Salz,
ca. 1 l Gemüsebrühe (oder Wasser mit etwas Suppenwürze),
Butter für die Form

Zubereitung:

In einem Topf Gemüsebrühe mit Salz zum Kochen bringen, Maisgrieß langsam und unter ständigem Rühren einrieseln lassen. Nun muss die Masse etwa 15 Minunten auf kleinster Flamme dünsten, am besten geht das, indem man eine gusseiserne Platte über die Flamme legt und den Topf darauf stellt. Gelegentlich umrühren. Es soll eine feste Masse entstehen, die aber noch leicht formbar ist.

Eine Auflaufform gut mit Butter einfetten. Mit einem Esslöffel aus der Polentamasse nicht zu kleine Nocken abstechen und mit den Fingern ein wenig in Form drücken. Nebeneinander in die Auflaufform legen und ins vorgeheizte Backrohr schieben. Das Backrohr wird nur auf kleine Stufe gestellt, denn die Nocken sollen nur mehr etwa zehn Minuten gut nachziehen und durch und durch warm sein.

Zu den Nocken passt sehr gut feines Gemüse in leichter Soße (z. B. Erbsen, Karotten, grüne Fisolen oder Porree) oder auch eine Tomatensoße.

Nudel-Speisen

zählen zu den ganz einfachen Speisen, die auch sehr schnell zuzubereiten sind.

Sie lassen sich natürlich auch aus allen anderen Teigwaren (Hörnchen, Spiralen ...) zubereiten. Diese Speisen waren früher typische „Restl-Essen", das hieß, es wurden Nudeln, die am Vortag übrig geblieben waren, weiter verwendet. Die gekochten Teigwaren wurden z. B. kurz angeröstet und mit verquirlten Eiern übergossen („Eier-Nudeln") oder mit geriebenem Hartkäse bestreut („Käse-Nudeln"). Heute lieben besonders Kinder diese Speisen.

Brösel-Nudeln

Zubereitung:

Teigwaren in Salzwasser kochen, abseihen. In einer Pfanne Butter zerlaufen lassen, die Semmelbrösel gut anrösten. Nun werden die Teigwaren in den gerösteten Bröseln geschwenkt, etwas gesalzen und serviert.

Dazu gibt es Salat.

Dieselbe Speise kann auch als Süßspeise serviert werden. Sie wird einfach mit Zucker bestreut, dazu gibt es Kompott.

Zutaten:

400 g Teigwaren,
80 g Semmelbrösel,
2 Esslöffel Butter,
etwas Salz

Tomaten-Nudeln

Zutaten:

400 g Teigwaren, 250 g geschälte und passierte Tomaten aus der Dose, 2 Knoblauchzehen fein gehackt, Olivenöl zum Anrösten, Salz, Pfeffer, 1 – 2 Esslöffel frische Kräuter (z. B. Thymian, Basilikum, Rosmarin)

Zubereitung:

Öl erhitzen, Knoblauch anbraten, Tomaten aus der Dose dazugeben, würzen und ein paar Minuten sanft köcheln lassen.

Teigwaren in Salzwasser kochen, abgießen und in die Soße geben. Mit frischen Kräutern bestreuen.

Topfennudeln

Zutaten:

400 g Teigwaren, 400 g Topfen (Quark), etwas Salz, 30 g Butter

Zubereitung:

Teigwaren in Salzwasser kochen, abseihen und heiß in eine Schüssel geben. Butter zerlaufen lassen. Den Topfen über die Teigwaren streuen, etwas salzen und Butter darüber gießen.

Dazu wird Salat gereicht.

Tipp: Für diese Speise darf nicht der weiche, cremige Topfen verwendet werden, sondern ein fester, bröckeliger, beinahe trockener. Er ist nicht überall erhältlich, manchmal wird er als „Altwiener Topfen" angeboten.

Gemüse-Nudel-Auflauf

Eine Fastenspeise aus dem Stift Geras

Zubereitung:

Gemüse nach Vorschrift kochen, abseihen und überkühlen lassen, salzen und pfeffern. Teigwaren nicht zu weich kochen, überkühlen lassen. Butter, Topfen und 2 Eigelb gut verrühren, Gemüse dazugeben, gehackte Kräuter und die Teigwaren. Alles gut vermischen und abschmecken, eventuell nachwürzen.

Aus den Eiweißen festen Schnee schlagen und vorsichtig unterheben. Eine Backform einfetten und mit Bröseln ausstreuen, die Masse einfüllen und im vorgeheizten Backrohr bei mittlerer Hitze etwa eine halbe Stunde backen.

Feinspitze gießen, kurz bevor der Auflauf fertig ist, noch ein wenig Sauerrahm über den Auflauf, damit er schön saftig wird. Das muss aber nicht sein.

Zutaten:

600 g Tiefkühl-Gemüse (oder ca. 1 kg frisches Gemüse der Saison, das geputzt und in appetitliche Stücke geschnitten werden muss), Salz, Pfeffer, 2 Esslöffel Butter, 250 g Topfen, 2 Eier (getrennt in Eigelb und Eiweiß), 2 Esslöffel gehackte Kräuter, 400 g Teigwaren, Butter und Brösel für die Form

auf Wunsch: einige Esslöffel Sauerrahm (saure Sahne)

Gemüselasagne

Zutaten:

2 mittlere Zucchini, 2 mittlere Melanzani (Auberginen), 2 grüne Paprikaschoten, Olivenöl zum Anbraten, etwa 500 ml Tomatensoße (wenn die Soße aus der Packung kommt – würzen mit Oregano, Thymian, Basilikum), Kräutersalz, Pfeffer

Für die Bechamel: 2 Esslöffel Butter, 2 Esslöffel Mehl, 300 ml Milch, Salz, Pfeffer, ev. einige Tropfen Worcestersoße

300 g fertige Lasagneplatten (ohne Vorkochen), 250 g Mozzarella, Butter und Brösel für die Form

Diese Speise kommt bei den Klosterneuburger Chorherren an Freitagen gerne auf den Tisch.

Zubereitung:

Melanzani waschen, in Scheiben schneiden und in einer Pfanne mit Olivenöl beidseitig kurz anbraten. Danach in dieser Pfanne die geputzten, in Streifen geschnittenen Paprikaschoten anbraten. Zucchini waschen, in Scheiben schneiden und in Salzwasser etwa fünf Minuten ziehen lassen, danach abseihen.

Für die Bechamelsoße die Butter in einem Topf zerlaufen lassen, Mehl zugeben und gut durchschwitzen lassen, mit Milch aufgießen und ständig umrühren, damit keine Klümpchen entstehen. Etwa 7 Minuten auf kleinster Flamme einkochen lassen, pfeffern, salzen und eventuell ein paar Tropfen Worcestersoße beifügen. Tomatensoße vorbereiten – sie muss nicht erwärmt werden.

Eine Auflaufform mit Butter ausstreichen und mit Böseln bestreuen. Zuerst ein wenig Bechamelsoße eingießen, darüber eine Lage Lasagneblätter legen. Darauf kommt eine Schicht Gemüse (Paprika, Melanzani, Zucchini), ein wenig pfeffern und salzen und darüber Tomatensoße. Die beiden Soßen müssen nicht dick darüber gegossen werden, sollen aber doch den Großteil der jeweiligen Lage, vor allem am Rand, bedecken. Dann kommt wieder eine Schicht Lasagneblätter, darüber Bechamel. So fortfahren. Ganz oben sollen Lasagneblätter liegen. Wenn noch Bechamelsoße vorhanden ist, wird sie darauf gestrichen. Zum Schluss werden die Mozzarellascheiben darüber gelegt.

Im vorgeheizten Backrohr bei mittlerer Hitze etwa 45 Minuten backen.

Strudel

In den meisten Fällen wird der fertige Strudelteig genutzt. Er wird nach den Angaben auf der Packung behandelt – meist auf ein Tuch gelegt und dann befüllt. Danach gut eingerollt, mit einigen Butterflocken belegt und im Backrohr gebacken. Strudel sind ein leicht zu bereitendes, wunderbares Gericht.

Die Füllungen für den Strudel sind vielfältig – pikant genauso wie süß. Und der eigenen Fantasie sind keine Grenzen gesetzt.

Hier nur einige Beispiele:

Kräuterstrudel

Zubereitung:

Zwiebel schälen und ganz fein hacken. Öl in einer Pfanne erhitzen, Zwiebel anrösten, bis sie glasig ist, Kräuter beigeben und ganz kurz durchschwitzen lassen. Etwas salzen und pfeffern und die Brösel darunter rühren. In einer Schüssel die Butter weich rühren, Eigelb, Topfen und Rahm dazu. Die Zwiebel-Kräuter-Mischung darunter mischen. Strudelteig auflegen, mit der Fülle bestreichen. Sollte sie zu flüssig sein, noch etwas Brösel oder Haferflocken darüber streuen. Strudel einrollen und obenauf Butterflocken setzen. Auf ein befettetes Backblech geben und ins vorgeheizte Backrohr schieben. Bei mittlerer Hitze etwa 25 Minuten backen.

Zum Kräuterstrudel passt eine Tomatensoße, feines Gemüse (Zucchini, Lauch) oder auch Kartoffelpüree.

Zutaten:

fertiger Strudelteig,
Olivenöl,
1 kleine Zwiebel,
4 Hände voll gehackter Kräuter (Kerbel, Petersilie, Basilikum, Dille),
Salz, Pfeffer,
3 Esslöffel Brösel,
40 g Butter,
1 Eigelb,
250 g Topfen (Quark), 1 Tasse Sauerrahm (saure Sahne), etwas Butter,
bei Bedarf: 1 Hand voll Haferflocken

Kartoffelstrudel

Zutaten:

fertiger Strudelteig, 300 g gekochte und geriebene Kartoffeln, 3 Eier (getrennt in Eigelb und Eiweiß), Pfeffer, Salz, geriebene Muskatnuss, 60 g Butter, 3 Esslöffel frische Kräuter, etwas Butter

Zubereitung:

Butter weich rühren, Kartoffeln und Eigelbe dazugeben und würzen. Eiweiße zu festem Schnee schlagen und vorsichtig unter die Kartoffelmasse geben. Strudelteig auflegen, mit der Masse bestreichen, gehackte Kräuter darüber streuen. Einrollen und Butterflocken obenauf setzen. Im vorgeheizten Backrohr bei mittlerer Hitze etwa 25 Minuten backen.

Dazu passt Salat, aber auch Gemüse wie Spinat oder eine bunte Gemüsemischung.

Apfelstrudel

Zutaten:

fertiger Strudelteig, etwa 3/4 kg Äpfel, 1 Teelöffel gemahlener Zimt, 1 Prise Nelkenpulver, ein wenig Anis, eine Hand voll Rosinen, etwa 50 g Semmelbrösel, auf Wunsch: 60 g Zucker, etwas Butter zum Anrösten und für die Butterflöckchen

Apfelstrudel ist in der feinen Küche sicherlich der beliebteste Strudel. In den einfachen bäuerlichen Haushalten wurde er lange Zeit ohne jeglichen Zucker bereitet. Wenn Sie also süße Äpfel verwenden, können Sie den Zucker bedenkenlos weglassen. Versuchen Sie es, es lohnt sich!

Zubereitung:

Butter in einer Pfanne zerlaufen lassen, Semmelbrösel darin leicht anrösten. Äpfel schälen und blättrig schneiden. Strudelteig auflegen, etwa ein Drittel der Fläche mit Äpfeln belegen, Rosinen und Gewürze gut darauf verteilen, die gerösteten Brösel und den Zucker darüber geben. Die Strudelenden einschlagen, den Strudel einrollen, auf ein befettetes Blech legen, Butterflöckchen obenauf setzen und bei mittlerer Hitze im vorgeheizten Backrohr eine gute halbe Stunde backen.

Buddha – der Meister des Fastens, der vom Fasten abgeht

Buddha, der Erleuchtete, soll um 550 vor unserer Zeitrechnung als Siddharta (auch Siddattha) geboren worden sein, ein indischer Prinz, der später 40 Jahre lang in seinem gelben Mönchsgewand barfuß durch Indien zog. Typisch für ihn war die Schale, die er bei sich trug und die gütige Menschen von Zeit zu Zeit mit ein wenig Reis füllten, um dem wandernden Weisen Nahrung zu geben. Armen und reichen, edlen und verkommenen, klugen und einfachsten Menschen erzählte der Erleuchtete von seinem Weg der Erlösung. Daneben meditierte er häufig und lange. Unzählige Legenden sind über das Leben des Buddha erzählt und aufgeschrieben worden – Zahlen, Daten, Fakten über ihn stehen kaum zur Verfügung.

Buddha gab sein Wissen allen Menschen weiter.

„Wirklichkeit und Legende", so schreibt der Theologe und Buddha-Biograph Johannes Lehmann, „begannen sich bald zu verwischen und es wird schwer sein, beide wieder zu trennen in einem Land, das keinen Sinn für Geschichte hat, sondern nur für Geschichten." Bunt und schillernd sind die Geschichten des Buddha, lebendig und ausgeschmückt und voll von Symbolen, Gleichnissen und Bildern. Und erzählen dadurch viel von dem Spirituellen, lassen das Wesen des Buddha erahnen und geben das, was wichtig war und ist, als Botschaft an uns weiter.

Siddharta war 29 Jahre, als er alles aufgab und sein Leben von Grund auf änderte. Er verließ seine Familie und Freunde und zog sich in die Einsamkeit zurück, nahm das „Kleid der heimatlosen Wanderer" und schloss sich einer Asketenschule an. Im Grunde wählte er ein mönchisches Leben, ein „Gehen in die Hauslosigkeit" wurde das damals genannt. Viele Männer zogen sich im Alter von ihren Familien zurück und lebten als Einsiedler, Wanderer oder Bettler. Siddharta allerdings war noch nicht einmal 30 Jahre alt, als er diesen Weg ging.

Buddhas aus Tibet

Mit Eifer stürzte sich der Prinz in die Askese, verzichtete fast gänzlich auf Nahrung, hüllte sich in Lumpen, die er fand, ergänzte die ärmliche Kleidung mit Flechten oder Gras. Oft soll er, so die Legende, mit einem Reiskorn am Tag ausgekommen sein. Sechs Jahre lang betrieb er das Fasten, extrem und erbarmungslos gegen sich selbst, stets auf der Suche nach Erkenntnis. Er schwand dahin – „sein Äußeres, einst reinstes Gold, war schwarz geworden" – und er sah erbärmlich aus. Dann erst kam der Hunger und mit ihm die Erkenntnis, dass dieser Weg der Extreme nicht richtig sein konnte. Der Erleuchtete beendete das Fasten und fastete von nun an nicht mehr.

Er nahm wieder seine Reisschale zur Hand und erbettelte die tägliche Nahrung. Reisspeisen, wenngleich auch ganz einfache, werden manchmal in den Legenden um Buddha erwähnt. Der Buddha selbst aber predigte nicht das Fasten, sondern mäßigen Genuss, den „mittleren Weg". Seine Weisheit und Erkenntnis bezog er nun durch intensives und zu höchster Kunst entwickeltes Meditieren. Die Erleuchtung fand Buddha erst, nachdem er das Fasten aufgegeben hatte. In einer Vollmondnacht im Frühling, nach den langen Jahren der Entbehrung, saß er unter einem Feigenbaum, meditierte und fand die Erkenntnis und das Wissen, das er so lange gesucht hatte. „Von Weisheit strahlend" saß er unter dem Baum und achttausend Strahlen, so die Legende, gingen von ihm aus. So wird der Erleuchtete bis heute gerne dargestellt.

Buddha predigte mäßigen Genuss – „den mittleren Weg".

Wenn auch das Fasten fortan nicht mehr wichtig war, so aßen Buddha und seine Mönche doch meist nur eine Mahlzeit am Tag und zwar kurz vor Mittag, wenn die Sonne am höchsten stand. Die Anhänger aus dem Laienstand folgten diesem Beispiel 4-mal im Monat – zu Vollmond, Neumond und den Halbmondphasen versuchten auch sie, ab Mittag nichts mehr zu essen.

Ein wirkliches Fastengebot kennen die Buddhisten nicht. Dennoch sehen sie gelegentliches Fasten durchaus positiv, weil es Körper und Geist reinigt. Ein generelles Fleischverbot gibt es nicht, aber in buddhistischen Klöstern wird traditionell vegetarisch gelebt. Das Fasten an sich ist nach Ansicht vieler Mönche nicht wichtig. Die Menschen sollten einfach lernen, mit weniger auszukommen. Fastenzeit bedeutet für Buddhisten ein Reduzieren, ein Zurücknehmen in vielen Bereichen. Kleidung, Sprache, Nahrung – alles wird auf das Notwendigste reduziert und die so gewonnene Zeit für Gebet und Meditation verwendet. Ein Verzicht auf das Essen nicht um des Fastens willen, sondern um den Geist frei und hell werden zu lassen.

Worte des Buddha

„Ich lebte von Kräutern und Pilzen, von wildem Reis und Korn, von Samen und Kernen, von Pflanzenmilch und Baumharz, fristete mich von Wurzeln und Früchten des Waldes, lebte von abgefallenen Früchten."

„Wie dürres, welkes Rohr wurden da meine Arme und Beine durch diese äußerst geringe Nahrungsaufnahme, wie ein Kamelhuf wurde da mein Gesäß ... indem ich die Bauchdecke befühlen wollte, traf ich auf mein Rückgrat und indem ich das Rückgrat befühlen wollte, traf ich wieder auf die Bauchdecke."

„Zwei Enden gibt es, ihr Mönche ... Das eine ist das Leben in Lüsten ... Das andere ist ein Leben in Selbstpeinigung: Das ist leidensreich, unwürdig, nichtig ... Von diesen beiden Enden, ihr Mönche, ist der Vollendete fern und hat den Weg, der in der Mitte liegt, erkannt; den Weg, der das Auge auftut und den Geist auftut, der zur Ruhe, zur Erleuchtung, zum Nirwana führt."

*„Wir essen dieses Mahl mit Achtsamkeit,
nicht nur zum Vergnügen und nicht aus Genusssucht,
sondern zur Erhaltung dieses Körpers,
dass er ausdauernd wird
und unversehrt bleibt,
zur Förderung des Lebens,
so dass alle früheren Hungergefühle schwinden
und neue Gefühle der Übersättigung gar nicht entstehen,
dann wird es keine körperlichen Hindernisse mehr geben
und das Leben erträglich sein."*

Gebet der ehrwürdigen Nonne Ayya Khema als Segensspruch vor einer Mahlzeit.

(Dieses Gebet stammt aus dem Buch: „Wach auf und koche – Buddhismus für Küche und Leben" Hg. Carole Tonkinson, Verlag Delphi bei Droemer)

Augustiner Chorherren, Stift Klosterneuburg

Gemüse – fein und gesund

Das Wort Gemüse, so schreibt der Duden, gehört zum Wort Mus und bedeutete im Ursprung so viel wie „Brei, Speise". Später nannte man einen Brei aus gekochten Nutzpflanzen Gemüse, danach erst wurden die Nutzpflanzen selbst als Gemüse bezeichnet.

In den österreichisch-süddeutschen Dialekten ist das Wort „Mus" manchmal noch zu erkennen, wenn vom „G'müs" die Rede ist. Oft wurden die Gemüse ja auch tatsächlich so gekocht: durch und durch, bis eine dicke, fast breiartige Masse entstand – eine Art Mus. Das so bereitete Gemüse wurde dann noch mit einer festen Einmach angereichert, damit auch ja alle satt werden konnten. Gemüse allein war zu kalorienarm, da musste man schon mit Fett und Mehl nachhelfen.

Gemüseessen war lange Zeit ein Zeichen von Armut.

Gemüseessen galt viele Jahrhunderte lang als Zeichen der Armut. Wer wohlhabend war, konnte Fleisch essen, das Gemüse ließ man den Armen. Dass Gemüse gesund ist, wissen Ärzte und Ernährungswissenschaftler schon lange.

Dennoch lebte das so genannte einfache Volk nicht im Bewusstsein sich gesund zu ernähren, sondern empfanden den fehlenden Fleischgenuss eher als Mangel. Wenn jemand vom Gemüseesser zum Fleischesser werden konnte, hatte er auch irgendwie den sozialen Aufstieg geschafft. „Des Greanzeig is für die Gaas", so lautete das kulinarische Bekenntnis vieler Menschen noch in den 1950er Jahren. Wobei es vor allem die Männer waren, die ihren Abscheu vor dem „G'müs", dem „Greanfutter" Ausdruck gaben: „i brauch's net".

Bereits 1889 hatte Pfarrer Kneipp in seinem Werk „So sollt ihr leben" das Gemüseessen angeregt und erklärt, warum es so wichtig ist.

Dennoch hat es lang gedauert, bis Menschen ohne Not freiwillig „Grünzeug und Wurzeln" auf den Speiseplan setzten. Erst in den letzten 20 Jahren ist es hier langsam zum Umdenken gekommen. Die Folgen von zu viel Fleischkonsum haben viele Menschen am eigenen Körper erlebt und sind den diversen erhöhten Blutfett- und Cholesterinwerten beherzt durch verstärkten Gemüsekonsum entgegengetreten. Vor allem junge Menschen haben heute einen guten Zugang zu Gemüsespeisen. Dass sie deshalb ein gutes Stück Fleisch auch nicht verachten, ist im Sinne einer ausgewogenen Ernährung ohnehin richtig.

„Für die Fleischesser sind die Gemüse notwendig, weil Fleisch allein nicht gut längere Zeit genossen werden kann, da es zuviel Hitze erzeugt und dadurch manchen Nachteil bringt."

Pfarrer Kneipp

Grundsätzlich haben sich bei den Rezepten für Gemüsespeisen zwei Trends herauskristallisiert: Einerseits ist eine Rückkehr zu den sehr einfachen Rezepten der Notzeiten, zum Teil auch zu den alten Gemüsesorten wie Rüben und Pastinaken festzustellen.

Andererseits gibt es auch immer wieder beinahe üppige Rezepte für exzellente Gemüsespeisen, bei denen an Eiern und Schlagobers (-sahne) wahrlich nicht gespart wird. Dadurch wird die Speise dann oft wieder fett und schwer und überreich und der Geschmack des Gemüses beinahe zugedeckt.

Fette und schwere Speisen haben auch die Augustiner Chorherrn in Klosterneuburg bei Wien – zumindest die Herren, die schon länger im Kloster sind – in lebendiger Erinnerung. Lange Jahre haben zwei alte Schwestern die Klosterküche geführt und noch in guter, alter Tradition der Notzeiten gekocht. Da stand eine große Pfanne mit vorbereiteter Einmach bereit, aus der tagtäglich ein guter Schöpflöffel voll in die Gemüse und Soßen kam. Die Speisen „standen von allein", so fest eingebrannt waren sie. Und die Herren – Augustiner Chorherrn sind keine Brüder, sondern Hochwürdige Herrn, abgekürzt „H.H." – stocherten lustlos in ihrem Essen.

Vorsichtig und mit Fingerspitzengefühl löste der alte Abt dann das Problem und brachte die Schwestern kraft seiner Autorität dazu, doch auch einmal an sich selbst zu denken und in Rente zu gehen. Seither wird auch in Klosterneuburg gesund gekocht. Oft gibt es Gemüse-Vollkornlaibchen oder Spagetti mit einer Gemüsebolognese statt der schweren Fleischsoße. Auch Pilzsoße, Gemüselasagne oder – ein besonderer Leckerbissen – gebackenes Gemüse, das der Küchenchef der Stiftsküche manchmal in Bierteig herausbäckt, kommen auf den Tisch des Refektoriums, des klösterlichen Speisesaals.

Auch bei den Augustiner Chorherren wird gesund gekocht.

Das Kloster der Augustiner Chorherren hat der Stadt an der Donau nördlich von Wien auch den Namen gegeben: Klosterneuburg. Im Jahr 1114 wurde das Kloster von Markgraf Leopold III. gegründet und 1133 den Augustiner Chorherren übergeben. 24 Pfarren betreuen die Klosterneuburger Chorherren und auch die wissenschaftlich-kulturelle Tätigkeit gehört ganz wesentlich zu ihrer Arbeit. Das Stift Klosterneuburg ist auch heute noch das Zentrum der Stadt und gilt als „offenes Stift", seine prachtvollen barocken Säle werden regelmäßig für Ausstellungen und Kulturveranstaltungen genutzt. Unter den vielen Kulturgütern, die das Kloster beherbergt, ist der wundervolle Email-Altar des Nikolaus von Verdun aus dem 12. Jahrhundert („Verduner Altar") sicherlich das wertvollste Stück. Vom Kulinarischen verstehen die Chorherren auch einiges, denn das Stift besitzt das größte private

Weingut Österreichs und die Klosterneuburger Weine sind weithin berühmt. Ja, und ein richtiges Stiftgespenst gibt es in Klosterneuburg auch – zum Glück aber nicht in der Klosterküche. Von dem erfährt aber nur, wer an einer Führung teilnimmt. Und selbst da nicht immer.

„Genießen Sie immer das Gemüse der Saison. Es gibt dem Körper genau das Richtige zur richtigen Zeit." Dieser Grundsatz stammt aus der chinesischen Ernährungslehre, aber jeder Ganzheitsmediziner, jeder Ernährungsberater wird ihm zustimmen. Gemüse schmeckt tatsächlich dann am besten, wenn „seine Zeit" ist – Radieschen im Frühling und Sommer, Kohlsprossen (Rosenkohl) und Kraut im Winter.

Gemüse schmeckt zu seiner Saison am besten.

Zwar werden die meisten Gemüse das ganze Jahr über angeboten, aber den vollen Geschmack entwickeln die Früchte tatsächlich nur in ihrer speziellen Reife- und Erntezeit. Tomaten, die man im Winter kauft, sehen zwar großartig aus, aber von dem wundervollen Aroma, das sie im Sommer haben, ist nichts zu spüren; sie bleiben Dekorationsstücke, nicht viel mehr.

Ganzjährig im Angebot ist Tiefkühlgemüse, das nach sehr strengen Richtlinien verarbeitet wird, von bester Qualität ist und auch gut schmeckt. Bevor man also Gemüse „zur falschen Zeit" kauft, ist es oft ratsamer, Tiefkühlgemüse zu verwenden.

Bunter Gemüsetopf

Die Zutaten für diesen Gemüsetopf können je nach Jahreszeit und Angebot variiert werden. Hier nur ein Grundrezept:

Zubereitung:

Karotten, Sellerie, Zucchini schälen und in etwa gleich große Würfel schneiden. Geben Sie allerdings die Zucchiniwürfel extra, sie werden erst später beigefügt, damit sie nicht zu weich werden.

Zwiebel schälen und fein hacken, Knoblauch in Scheiben, Paprika in Streifen schneiden. Öl in einem Topf erhitzen, Zwiebel und Knoblauch goldgelb anrösten, Paprikastreifen dazugeben und gut durchrösten.

Nun die anderen Gemüsewürfel beifügen (außer Zucchini), mit der Brühe aufgießen, Gewürze zugeben und sanft köcheln lassen. Nach etwa 10 Minuten die Zucchiniwürfel hineingeben und alles fertig dünsten lassen. Abschmecken, mit frischen Kräutern bestreuen und servieren.

Dazu passen heurige Kartoffeln, Ofenkartoffeln oder auch einfach Schwarzbrot oder Dinkelgebäck.

Zutaten:

200 g Karotten,
200 g Sellerie,
200 g Zucchini,
1 Paprikaschote,
1 Zwiebel,
2 Knoblauchzehen,
Öl zum Anrösten,
Salz, Pfeffer,
Thymian,
2 Esslöffel gehackte Kräuter zum Bestreuen, etwa 150 ml Gemüsebrühe (oder Wasser und etwas Suppenwürze)

Fisolengulasch

Zutaten:

600 g grüne Fisolen,
1 Zwiebel,
2 Knoblauchzehen,
40 g Mehl, Öl zum Anrösten,
1/4 l Sauerrahm (saure Sahne),
300 ml Gemüsebrühe (oder Wasser mit Suppenwürfel),
1 Esslöffel Paprikapulver, Salz, Pfeffer,
1 Esslöffel Kapern,
1 Esslöffel Essig,
2 – 3 Esslöffel gehackte Kräuter (z. B. Dille, Bohnenkraut oder Petersilie),
eine kleine Dose Tomatenmark

Zubereitung:

Fisolen waschen, putzen und in etwa 3 cm lange Stücke schneiden, Zwiebel schälen, fein hacken, Knoblauch schälen und in kleine Scheiben schneiden. Öl in einem Topf erhitzen, Zwiebel und Knoblauch anrösten, das Mehl dazugeben und kurz anschwitzen lassen, dabei immer gut umrühren. Mit der Suppe aufgießen, Fisolen, Paprikapulver, Salz, Pfeffer, die Kapern, Kräuter, den Essig und das Tomatenmark dazugeben.

Alles auf kleiner Flamme dünsten lassen, bis die Fisolen weich sind. Am Schluss den Sauerrahm unterrühren, abschmecken, eventuell nachwürzen.

Zum Fisolengulasch wird Schwarzbrot gereicht.

Tipp: Auf dieselbe Art wird auch Zucchinigulasch bereitet. Allerdings sollte hier die Grundmasse aus Zwiebel, Knoblauch, Mehl und Suppe ein wenig länger einkochen, bevor die geschnittenen Zucchinischeiben beigegeben werden. Zucchini werden nämlich sehr rasch weich.

Paprikakraut (pikantes Kraut)

Dieses pikante Gemüse wird vor allem im Winter gerne gekocht, weil das Kraut so vitaminreich ist.

Zubereitung:

Kraut in Streifen schneiden, Paprika in Streifen, Knoblauchzehen in Scheiben schneiden, Zwiebel schälen und fein hacken. Öl in einem Topf erhitzen, Zwiebel und Knoblauch gut anrösten, Paprika beifügen und kurz durchrösten, Kraut dazugeben, fest umrühren und mit der Tomatensoße aufgießen. Gewürze dazugeben und auf kleiner Flamme weich dünsten lassen.

Das pikante Kraut passt zu verschiedensten Kartoffelgerichten, auch zu manchen Knödeln oder Getreidelaibchen, kann aber auch nur mit Schwarzbrot gegessen werden.

Zutaten:

1 Krautkopf (Weißkohl),
2 Zwiebeln,
3 Knoblauchzehen,
3 Paprikaschoten,
500 ml fertige Tomatensoße (im Sommer: 500 g Tomaten, geputzt und in grobe Würfel geschnitten),
Salz, Pfeffer, etwas Thymian und Kümmel, Öl zum Anrösten

Gemüseauflauf

Zutaten:

3/4 kg Gemüse
nach Wahl (oder
600 g Tiefkühl-
gemüse),
1 Tasse
gekochter Reis,
2 – 3 Esslöffel
gehackte Kräuter,
1 Zwiebel,
Öl zum Anrösten,
Salz, Pfeffer,
3 Esslöffel Butter,
3 Eier,
2 Esslöffel
geriebener Hartkäse,
Butter und Brösel
zum Ausbacken

Zubereitung:

Zwiebel schälen und fein hacken, in etwas Öl goldgelb anrösten. Gemüse nicht zu weich kochen („bissfest"), abseihen und mit dem gekochten Reis vermengen, gerösteten Zwiebel, gehackte Kräuter, Salz und Pfeffer darunter mischen.

Die Butter in einem Topf verrühren, 3 Eigelb beifügen und gut durcharbeiten, den geriebenen Hartkäse dazugeben und die Gemüse-Reis-Mischung unterrühren. Aus den 3 Eiweiß festen Schnee schlagen und vorsichtig in die Gemüsemischung geben („unterheben").

Das Backrohr auf mittlere Hitze vorheizen, eine Backform befetten und mit Brösel ausstreuen, die Masse einfüllen und einige Butterflöckchen oben darauf setzen. Etwa eine halbe Stunde im Rohr backen, bis der Auflauf eine schöne goldgelbe Farbe bekommt.

Krautfleckerln

Eine Fastenspeise aus dem Chorherrenstift Klosterneuburg. Krautfleckerln sind übrigens eine der „typischen Wiener Speisen".

Zutaten:

1 kleiner Krautkopf (Weißkohl),
Öl zum Anrösten,
1 Zwiebel,
2 Esslöffel Zucker,
etwas Salz,
Pfeffer, Kümmel,
400 g Teigwaren („Fleckerln")

Zubereitung:

Kraut in feine Streifen schneiden, Zwiebel schälen und fein hacken. Öl in einer breiten Pfanne erhitzen, Zwiebel goldgelb anrösten, das geschnittene Kraut hinzufügen und gut anrösten. Gewürze und ganz wenig Wasser dazugeben, das Kraut langsam weich dünsten lassen. Die Teigwaren nach Vorschrift kochen, abseihen und mit dem Kraut vermischen.

Gemüsefleckerln

Gemüsefleckerln sind eine ganz einfache Speise und werden ähnlich wie Krautfleckerln bereitet. Es wird eine Tiefkühlpackung Gemüsemischung nach Vorschrift gekocht, mit Pfeffer, Salz und Kräutern, z. B. Thymian, Kerbel, Basilikum, gewürzt und mit den Teigwaren vermengt. Dabei ist darauf zu achten, dass die Gemüse in der Größe zu den Fleckerln passen – das ist z. B. bei Karotten, Erbsen, Karfiolröschen oder Lauchringen der Fall.

Überbackenes Gemüse

Zutaten:

nicht zu weich gekochtes Gemüse, Salz, Pfeffer, etwas Bechamelsoße, 1 Eigelb, etwas Käse, z. B. Mozzarella oder geriebener Hartkäse

für die Bechamelsoße (die Angaben sind Richtwerte, die Menge richtet sich nach der Menge des Gemüses):
50 g Mehl,
50 g Butter,
200 ml Milch

Dieses wirklich feine Gericht kann nach persönlichem Geschmack und Jahreszeit variiert werden. Grundsätzlich eignen sich beinahe alle Gemüse zum Überbacken, man sollte aber immer darauf achten, den Eigengeschmack des Gemüses nicht mit zu viel Käse zuzudecken.

Zubereitung:

Für die Bechamel die Butter in einem Topf zerlaufen lassen, das Mehl dazugeben, gut anschwitzen lassen und mit der Milch aufgießen. Fest umrühren, damit keine Klümpchen entstehen. Wenn die Bechamel überkühlt ist, das Eigelb einrühren.

Eine Auflaufform mit Butter ausstreichen. Das gekochte und gut abgetropfte Gemüse mit der Bechamel vermischen. Das Gemüse muss keinesfalls völlig mit Bechamel bedeckt sein, es soll nur gut durchfeuchtet werden. Das Gemüse in die Auflaufform geben, einige Mozzarellascheiben (oder geriebenen Käse) darüber geben und im vorgeheizten Backrohr bei mittlerer Hitze etwa eine halbe Stunde backen.

Karfiol eignet sich sehr gut zum Überbacken, aber auch verschiedenste Gemüsemischungen.

Gratinierter Sellerie

Eine feine Speise, die aber ganz einfach ist. Sie besteht praktisch nur aus überkochtem Gemüse und Käse.

Zutaten:

2 nicht zu große Sellerieknollen,
Salz, Pfeffer,
150 g Mozzarella

Zubereitung:

Sellerie schälen, in Scheiben schneiden und nicht zu weich kochen. Gut abtropfen lassen. Ein Backblech einfetten, die Scheiben darauf legen, etwas salzen und pfeffern und mit nicht zu viel Mozzarella belegen. Ins vorgeheizte Backrohr schieben und bei Oberhitze etwa 20 Minuten überbacken, bis der Käse gut zerlaufen ist.

Zum Gratinieren eignen sich auch vorzüglich Fenchelscheiben oder halbierte Tomaten, wobei die Tomaten nicht überkocht, sondern roh gratiniert werden.

Chinakohl in weißer Soße (ein Wintergemüse)

Zutaten:

1 großer Chinakohl oder 2 kleine,
3 Schalotten,
etwas Öl,
2 – 3 Löffel Sauerrahm (saure Sahne),
eventuell 1/8 l Weißwein oder Gemüsebrühe, etwas Salz und Pfeffer,
etwa 3 Esslöffel frische Kräuter (z. B. Petersilie, Schnittlauch, Kerbel)

Zubereitung:

Chinakohl in Streifen schneiden, Schalotten schälen und fein hacken. Öl erhitzen, Schalotten darin anrösten, bis sie gut glasig sind. Nun den Chinakohl dazugeben und gut durchschwitzen. Salz und Pfeffer dazugeben, mit Weißwein oder Gemüsebrühe aufgießen und sanft durchköcheln. Dann den Sauerrahm beifügen, die Kräuter darüber streuen und servieren.

Zu diesem Gemüse passen vor allem Kartoffeln, z. B. Ofenkartoffeln oder junge Kartoffeln.

Gurkengemüse („Gurkensoße")

Zubereitung:

Gurken schälen, in dünne Scheiben schneiden, in einer Schüssel mit Salz bestreuen und 15 Minuten stehen lassen. Danach abseihen und gut ausdrücken, damit sie möglichst trocken sind.

In einem Topf Öl erhitzen, das Mehl gut durchschwitzen, mit Gemüsebrühe aufgießen, kurz aufkochen. Gurken dazu, etwas Pfeffer, die zerdrückten Knoblauchzehen und kurz durchköcheln lassen. Die Gurken sind recht rasch fertig. Am Schluss den Sauerrahm und die gehackten Kräuter beifügen.

Das Gemüse passt gut zu Knödeln und Nockerln, Teigwaren, aber auch zu Getreidelaibchen.

Zutaten:

800 g Gurken,
1 Esslöffel Salz,
Öl zum Anrösten,
1 Esslöffel Mehl,
125 ml Gemüsebrühe, Pfeffer,
3 Knoblauchzehen,
3 Esslöffel Sauerrahm (saure Sahne) oder Creme fraîche,
2 Hand voll frische Kräuter fein gehackt (am besten passt Dille, aber auch Estragon, Petersilie, Borretsch)

Lauchgemüse mit Zitrone und Kräutern

Zutaten:

800 g Lauch (Porree), 2 Schalotten, Öl zum Anbraten, etwas Salz und Pfeffer, Saft einer halben Zitrone, etwas Wasser oder Gemüsebrühe (ca. 150 ml), zum Verfeinern ein Bund Zitronenmelisse oder andere Kräuter

Zubereitung:

Lauch putzen, waschen und in Ringe schneiden – auch die grünen Teile verwenden! Schalotten schälen und fein hacken. Öl in einem Topf erhitzen, Schalotten glasig rösten, Lauch dazugeben und gut durchrösten. Mit Wasser (Brühe) aufgießen, salzen und pfeffern und den Zitronensaft dazugeben. Sanft durchdünsten lassen, bis der Lauch weich ist. Vor dem Servieren die gehackten Kräuter darüber streuen.

Das Lauchgemüse ist vielseitig kombinierbar, es passt zu Kartoffeln und zu gekochten Teigwaren (Lauchgemüse mit Nudeln). Aber auch gekochte Körner passen gut zum Gemüse – Hirse ist ideal. Die Hirsekörner werden aber besser extra gekocht, damit sie gut weich sind, erst danach werden sie mit dem Gemüse vermischt und serviert.

Gemüsereis

Auch eine ganz einfache Speise, die köstlich schmeckt – eine Mischung aus Gemüse und Reis. Probieren Sie dieses Gericht doch einmal mit Naturreis!

Zubereitung:

Gemüse nach Vorschrift kochen, Salz, Pfeffer, zerdrückte Knoblauchzehe beifügen. Die Flüssigkeit abseihen und auffangen, Gemüse abkühlen lassen. (Der Gemüsesud wird weiterverwendet, um den Reis zu kochen.)

Zwiebel schälen und fein hacken. In einem Topf Butter zerlaufen lassen und Zwiebel goldgelb anrösten. Reis dazugeben, kurz anrösten, bis er glasig wird, und mit der vorgeschriebenen Flüssigkeitsmenge aufgießen, dabei den Gemüsesud mitverwenden. Wenn der Reis fast weich ist, das Gemüse beigeben und miteinander zumindest 10 Minuten gut nachziehen lassen.

Kräuter vor dem Servieren darüber streuen, auf Wunsch mit Hartkäse bestreuen.

Zum Gemüsereis passt frischer Salat.

Zutaten:

1 Packung Tiefkühlgemüse gemischt (oder 800 g frisches Gemüse nach Wahl und Jahreszeit),
Salz, Pfeffer,
eine zerdrückte Knoblauchzehe.
300 g Vollkornreis,
(Flüssigkeit für den Reis nach Packungsvorschrift),
etwas Butter,
1 Zwiebel,
2 Esslöffel gehackte Kräuter (z. B. Petersilie und Kerbel),
auf Wunsch etwas geriebener Hartkäse

Gemüselaibchen

Zutaten:

500 g gekochtes Gemüse,
200 g gekochte Kartoffeln,
2 Eigelb, Salz, Pfeffer,
2 zerdrückte Knoblauchzehen,
etwas Thymian und Basilikum (auch getrocknet),
einige Esslöffel Grieß (am besten Vollkorngrieß),
Semmelbrösel nach Bedarf,
Fett zum Ausbacken

Gemüselaibchen kann man frisch bereiten. Oder, so sagt der Koch, man sieht sie als ideale Speise, um Gemüse vom Vortag gut zu verarbeiten. Eine Speise, die man also nach Lust und Laune variieren kann. Hier also nur ein Vorschlag der Zubereitung.

Zubereitung:

Das gekochte Gemüse gut abtropfen lassen. Kartoffeln schälen. Gemüse und Kartoffeln durch die Faschiermaschine (den Fleischwolf) laufen lassen. Mit den Eigelben, Gewürzen und Grieß gut vermischen und etwa 15 Minuten stehen lassen. Ist die Masse sehr weich, noch ein wenig Grieß oder auch Semmelbrösel zufügen. Laibchen formen, in wenig Semmelbröseln wälzen und in einer Pfanne mit heißem Fett herausbacken, so dass sie auf beiden Seiten knusprig sind.

Zu den Gemüselaibchen passt Salat, aber auch Jogurt, das mit gehackten Kräutern verrührt wurde, oder eine feine Tomatensoße.

Gemüselaibchen können auch statt mit gekochten Kartoffeln mit gekochten Körnern, z. B. Reis oder Hirse, bereitet werden.

Ein kleiner Imbiss im Sommer:

Rohes Gemüse zum Knabbern, dazu zwei „Gemüse-Dips"

rohes gewaschenes Gemüse nach Wahl: Gurkenscheiben, Paprikastreifen, junge Karotten, kleine Tomaten, junge Lauchstangen ...

Das Gemüse wird kurz in einen der „Dips" getaucht und gegessen. Dazu gibt's Gebäck.

Für den Kräuter-Dip:

Zutaten:

250 g Topfen,
1/8 l Sauerrahm,
3 Esslöffel frische Kräuter, Salz, Pfeffer

Zubereitung:

Alles verrühren und eine halbe Stunde im Kühlschrank rasten lassen.

Für den Frischkäse-Dip:

Zutaten:

125 g Topfen,
250 g Frischkäse,
1 Esslöffel Olivenöl,
1 gepresste Knoblauchzehe,
2 Esslöffel gehackte schwarze Oliven,
einige Basilikumblätter grob gehackt

Zubereitung:

Alles gut vermischen und im Kühlschrank eine halbe Stunde rasten lassen.

Dieser Frischkäse-Dip schmeckt auch sehr gut, wenn man statt Frischkäse Ziegenkäse verwendet.

Ein paar Rezepte von alten, fast vergessenen Gemüsesorten, die in Fastenzeiten wieder serviert werden ...

Gedünstete Pastinaken

Zutaten:

800 g Pastinaken-
wurzeln,
60 g Butter,
1 Esslöffel Mehl,
1 Tasse Milch,
2 – 3 Esslöffel
gehackte Kräuter
(z. B. Petersilie,
Kerbel, Thymian),
Salz

Pastinaken sind ganz alte Kulturpflanzen, die bereits vor tausenden Jahren gegessen wurden, das belegen archäologische Funde aus Italien und der Schweiz. Vor einigen Jahren wurden Pastinaken auch im Rheinland wieder angebaut, heute findet man sie öfter auf Bauernmärkten. Gegessen wird die Pastinakenwurzel.

Zubereitung:

Pastinaken waschen, schälen („schaben") und in Scheiben schneiden. In wenig Salzwasser langsam garen, bis sie weich sind. In einer Pfanne die Butter zerlaufen lassen, Mehl hineingeben und durchschwitzen, mit Milch aufgießen und leicht durchköcheln lassen. In diese Grundsoße die gut abgetropften Pastinaken geben, ein wenig salzen, Kräuter untermischen, abschmecken und bei Bedarf nachwürzen.

Zu den Pastinaken passen sehr gut Kartoffeln, aber auch Gemüselaibchen oder kleine Knödel.

Rote Rüben als Gemüse

Zutaten:

700 g Rote Rüben,
Salz, Pfeffer,
1 Esslöffel Butter,
1 Esslöffel Mehl,
etwa 125 ml Milch,
125 ml Sauerrahm
(saure Sahne)

Zubereitung:

Rote Rüben waschen, in Salzwasser weich kochen, danach erst schälen und in Scheiben oder auch in Würfel schneiden (das hängt von der Größe der Rüben ab). In einem Topf die Butter zerlaufen lassen, Mehl dazugeben und gut durchschwitzen, mit ein wenig Milch ablöschen. Salz und Pfeffer zugeben, auf kleiner Flamme ein wenig köcheln lassen und danach den Sauerrahm zugeben. Die Rübenstücke in die Grundsoße geben, abschmecken und, wenn nötig, nachwürzen. Wer das Pikante liebt, kann ins Rübengemüse ein paar Tropfen Essig zugießen.

An Fasttagen wird dieses Gemüse nur mit Schwarzbrot gegessen. An „Fleischtagen" passt es vorzüglich zu Rindfleisch.

Topinambur

Eine ganz alte Frucht, die heute in der alternativen Küche gerne verwendet wird, ist Topinambur, genannt die Erdbirne. Sie sieht der Kartoffel ähnlich und ähnelt im Geschmack der Artischocke.

Die Knollen werden im Herbst aus der Erde genommen, haben einen guten Kalzium- und Eisengehalt und sind leicht verdaulich. Topinambur kann im Prinzip wie die Kartoffel verwendet werden, besonders in Suppen macht sie sich sehr gut. Allerdings empfehlen Ernährungsfachleute, die Knolle gut zu waschen und stets mit der Schale zu kochen, damit die wertvollen Stoffe nicht verloren gehen.

Das einfachste Topinambur-Rezept:

Knollen gut waschen, am besten abbürsten und in nicht zu viel Wasser mehr dünsten als kochen, bis sie weich sind. Bei Tisch schälen und mit Butter und Salz essen.

Topinambur überbacken

Zubereitung:

Topinambur waschen und kurz überkochen (hier reichen etwa 10 Minuten), schälen und in Scheiben schneiden. Die Frühlingszwiebeln waschen und in Ringe schneiden.

Eine Auflaufform mit Butter ausstreichen. Topinambur dachziegelartig einschichten, die Frühlingszwiebel darüber streuen. Eier und Schlagobers (-sahne) in einer Schüssel kurz verquirlen, pfeffern und salzen und über die Gemüse gießen.

Im vorgeheizten Backrohr bei mittlerer Hitze etwa 20 Minuten überbacken, bis alles goldgelb ist. Vor dem Servieren mit frischen Kräutern bestreuen.

Zutaten:

800 g Topinambur,
1 Bund Frühlingszwiebeln,
2 Eier,
125 g Schlagobers (-sahne),
Salz, Pfeffer,
Butter für die Form,
gehackte Kräuter zum Bestreuen

Mahatma Gandhi und die Jain-Mönche

(oder: Fasten als Widerstand)

Der magere indische Weise ist für viele der Meister des Fastens schlechthin geworden. Und selbst wenn jemand gar nichts über das Leben des indischen Politikers und studierten Rechtsanwaltes weiß – dass er gehungert hat, um eine gewaltfreie Änderung herbeizuführen, das ist dennoch vielen im Gedächtnis geblieben. Geboren 1869 als Mohandas Karamchand Gandhi in Porbandar, war er Mitglied einer vornehmen Hindufamilie.

Gandhi war ein Meister des Fastens.

Die Eltern standen dem Vishnu-Glauben nahe, brachten aber auch dem Gott Shiva ihre Verehrung dar. Und der Vater Gandhis pflegte enge Kontakte mit den Jain-Mönchen.

Der Jainismus (Dschainismus) wurde um 500 vor unserer Zeitrechnung von Wardhamana, genannt Dschina, gegründet und ist eine strenge, sehr asketische Erlösungsreligion, die nicht zulässt, dass auch nur das kleinste aller Lebewesen getötet wird. Jain-Mönche gehen nur zu Fuß und nur am Tag, und da sie kein lebendiges Wesen aus Unachtsamkeit zertreten wollen, säubern sie den Weg, bevor sie ihn betreten, mit einem kleinen Besen, den sie immer bei sich tragen. Die weiß gekleideten Mönche sind strikte Anhänger der Gewaltlosigkeit und Meister der Enthaltsamkeit und des Fastens.

Möglicherweise hat diese Begegnung in der Kindheit den Grundstein für das Leben des Mahatma Gandhi gelegt. Ein Leben im Kampf gegen Unrecht und Unterdrückung, an der Seite der Rechtlosen, der Bedürftigen – es ist ein gewaltfreier und konsequenter Weg, den Gandhi eingeschlagen hat. Gleich, ob er gegen die englische Kolonialmacht in Indien protestierte oder Hindus und Muslime einigen wollte – sein Weg, um etwas zu erreichen, war der des Fastens und des Betens.

„Unser Kampf ist ein heiliger Kampf, und es scheint mir höchst passend, ihn mit einem Akt der Selbstläuterung einzuleiten. Daher möge alles Volk Indiens an diesem Tag seine Arbeit aussetzen und den Tag als einen solchen des Fastens und Gebetes begehen."

„Mein Fasten ist eine Sache zwischen Gott und mir."

„Ich kann auf das Fasten ebenso wenig verzichten wie auf meine Augen. Denn was die Augen für die äußere Welt sind, ist das Fasten für die innere Welt."

„Meine Religion lehrt mich, dass man in einer Not, die man nicht lindern kann, fasten und beten muss."

„Gegen Tyrannen kann man nicht fasten … Aber nur auf gebeugten Rücken sitzen die Tyrannen sicher."

*(**Mahatma Gandhi** 1869 – 1948)*

Er wurde 8-mal verhaftet, etliche Male zwang er die Engländer durch konsequenten Hungerstreik dazu, ihn vorzeitig freizulassen. Gandhi war ein Mann von tiefer Religiosität, aber auch großem politischen Geschick. Mahatma, die „große Seele", diesen Ehrentitel hat ihm der indische Dichter und Nobelpreisträger Rabindranath Tagore zugedacht. Dass Indien die Unabhängigkeit erringen konnte, war zum größten Teil Gandhis Verdienst. Mahatma Gandhi, der den Weg der Gewaltlosigkeit wählte, wird von den Hindus heute als heiliger Mann verehrt.

Ghandi, der insgesamt 17-mal lange und streng fastete, war auch beim Fastenbrechen von strenger Disziplin. Die erste Nahrung, die er zu sich nahm, war Orangensaft oder Traubensaft, in geringen Mengen und Schluck für Schluck. Nach zwei Stunden ließ er sich noch einmal Saft reichen, am Abend Milch, die mit Wasser verdünnt war. So hielt er das tagelang – bis zu zwölf Tage – wobei er das Wasser, mit dem die Milch versetzt war, langsam reduzierte.

Indien

Fisch – eine Fastenspeise mit langer Tradition

Fische und Klosterküchen gehören irgendwie zusammen. Zumindest für die Laien ist das klar. Und dennoch steckt hinter diesem Klischee doch auch ein wahrer Kern. Möglicherweise liegt diese enge Beziehung zum Fischessen, die den Klosterbrüdern und -schwestern nachgesagt wird, in den Regeln für das Klosterleben, die der Heilige Benedikt im sechsten Jahrhundert aufgestellt hat, begründet.

Fleisch von „vierfüßigen Tieren" war früher den Kranken vorbehalten.

„Auf das Fleisch vierfüßiger Tiere sollen alle verzichten, außer die ganz schwachen Kranken", heißt es da. Für die Mönche und Nonnen bedeutete das den Verzicht auf Rind und Schwein, aber manchmal, wenn auch selten, bekamen sie doch Huhn, Gans oder Ente, die hatten schließlich nur zwei Beine. Für viele besonders disziplinierte Brüder und Schwestern kam aber auch dieser seltene Fleischgenuss nicht in Frage. Die Heilige Hildegard von Bingen, die sich für eine gesunde, ausgeglichene Ernährung aussprach, beruhigte ihre verunsicherten Mitschwestern und meinte, dass Hühner unbedenklich verzehrt werden könnten, weil dadurch „nicht die Leidenschaft aufgestachelt" würde. Das war offenbar eine tief liegende Angst, dass mit dem Genuss von Fleisch auch die leiblichen Begierden entflammen könnten. Das konnte niemand brauchen, denn der Ruf der Klöster war, was das so genannte sittliche Leben betraf, zeitweise ohnehin nicht der beste. Möglicherweise kommt unser heutiger Begriff vom „sündigen Fleisch" auch noch aus diesem Themen- und Gedankenkreis.

Die Fische waren von dem Fleischverbot ausgenommen und damit wirklich gute und beliebte Eiweißlieferanten für die Klosterbewohner. Viele Klöster unterhielten Fischteiche oder ließen sich von ihren Pächtern die Zinsen in Naturalien, darunter eben auch in frisch gefangenen Fischen, bezahlen. Fisch kam zumindest 2-mal wöchentlich auf den Tisch – allerdings nur im Kloster. Bei den Bauersleuten oder Mägden, den Knechten, Taglöhnern und Arbeitern waren Fischgerichte völlig unbekannt. Selbst Menschen, die unmittelbar an einem See lebten, gingen, wenn sie Hunger hatten, zwar verbotenerweise mit der Büchse zum Wildern, aber die Fische aus dem See interessierten sie nicht. Im Salzkammergut, wo sich auf engem Raum See an See reiht und die wunderbarsten Forellen und Saiblinge zu finden sind, wurde noch vor einer Generation in den privaten Haushalten überhaupt kein Fisch gegessen. Fisch war nur etwas „für die vornehme Küche", für die Reichen. „Wenn du Fisch isst, gehst du hungrig vom Tisch", so hieß es. Ein Stück Fleisch, das sättigte, ein Stück Fisch nicht. Erst heute beginnen die jungen Leute langsam mit dem Fischessen, die alten haben noch immer kein Interesse daran.

Fischgerichte waren früher bei den Bauern unbekannt.

Aber auch Pilze wurden ja bei den wirklich Armen kaum gegessen, die „Schwammerln" waren eine Speise für die Reichen, die es sich leisten konnten, aus reinem Appetit zu essen. Die Armen mussten schauen, dass sie satt wurden, und das war mit Pilzen, einer ganz leichten, kalorienarmen Nahrung, eben nicht gut möglich. Da sammelte man doch lieber die Pfifferlinge und Steinpilze, verkaufte sie um gutes Geld an die Stadtleute und kaufte sich darum ein schönes Stück Fleisch, das die ganze Familie ernährte.

In handgeschriebenen Klosterkochbüchern aus dem späten Mittelalter finden sich schon Beschreibungen, wie „Fische zu kochen" sind. Handfeste Anleitungen, die heute manchmal kurios anmuten, weil sie wirklich nur in Grundzügen erklären, wie der jeweilige Fisch bereitet werden soll. Man ging einfach davon aus, dass der Klosterkoch ohnehin wusste, was zu tun ist und gab nur die nötigsten Informationen weiter.

Zum Abendessen ein gebackenes Hechtlein

Backe den Hecht in Butter oder Oel, darnach nimm süßen Rahm, schlage darein zwei oder drei Eidotter und laß den Rahm mit den Dottern sieden, doch rühre um, daß es nicht zusammenläuft, würze mit Pfeffer, Ingwer, Muskatblume und Saffran. Dann lege den Hecht auf eine Schüssel und gieß den Rahm obendrauf.

Das niederösterreichische Waldviertel, eine karge, aber wunderschöne Landschaft nahe an der Grenze zur Tschechischen Republik, ist nicht nur eine waldreiche, sondern auch eine „klösterreiche" Gegend. Und unter dem Stichwort „Klösterreich" werden auch die Produkte und die kulturellen Angebote dieser Klöster höchst erfolgreich beworben. Beinahe alle Klöster des Waldviertels betreiben die Fischzucht, berühmt sind vor allem die Zisterzienser in Zwettl und die Prämonstratenser in Geras, die zu den absoluten Fischprofis zählen und deren Karpfen und Forellen guten Absatz finden.

Ein Stück weiter Richtung Westen, im oberösterreichischen Kremsmünster, gibt es eine historische Besonderheit – den berühmten Fischbehälter aus dem Jahr 1690, ein riesiges gemauertes Becken inmitten der sechshöfigen Klosteranlage. Durch die großzügige barocke Gestaltung kann man dort ausgiebig lustwandeln und sich an den Fischen erfreuen, die aus barocken Skulpturen frisches Wasser erhalten. Der Fischbehälter ist nur eines von vielen Juwelen, die im Kloster Kremsmünster zu sehen sind. Das wichtigste Stück der reich gefüllten Schatzkammer ist zweifelsohne der berühmte Kelch des Bayernherzogs Tassilo, ein Prunkstück der karolingischen Schmiedekunst. Die Sternwarte aus dem 18. Jahrhundert ist allen begeisterten Lesern des „Focault'schen Pendels" einen Pflichtbesuch wert, die barocke Stiftskirche auf Grund ihrer so starken Energien ein Geheimtipp für Wünschelruten-Geher.

Einen Schwanz von einem Welse zu braten

Gieß heiß siedendes Wasser darauf und brühe ihn rein, auf dass der Schlamm herauskommt. Schabe ihn mit einem Messer rein und wasche ihn wieder mit reinem Wasser, das recht kalt ist. Dann lege ihn auf eine Schüssel oder Mulde und salze ihn wohl. Stich Löcher durch und binde auf jede Seite zwei hölzerne Spieße recht fest, lege den Schwanz gegen das Feuer, dass er trocknet auf beiden Seiten und lege ihn auf einen Rost und thue ein klein Kohlenfeuer darunter, drehe ihn oft um. Wenn er gar gebraten ist, lege ihn auf eine Schüssel, nimm die Spieße davon, bestreue ihn mit Ingwer und giebs hin. Ist ein höfliches Essen, etwa für einen Bischoff oder Abt.

Im Stift Geras wird oft und gerne Fisch gegessen, nicht nur während der Fastenzeiten. Die heimischen Fische aus dem nahen Fluss Thaya – Hecht oder Zander – genauso wie die Forellen oder Karpfen aus der stiftseigenen Zucht.

„Karpfen allerdings soll man zur richtigen Zeit essen", sagt der Koch des Stiftes Geras, Marjan Herlic, ein gebürtiger Schwabe. „Nach alter Tradition sind es die Monate, in denen der Buchstabe ‚r' vorkommt. Es ist eine einfache Regel – kein R, keine Karpfen."

Dass von Mai bis August keine Karpfen serviert werden, hat mit der Ernährung der Fische zu tun, erklärt Herr Herlic. Der Sommer ist die „Hauptessenszeit" der Fische, mit der Nahrung nehmen sie auch sehr viel Schlamm auf und das schmeckt man.

Wenn man sie da kocht, dann „schlammeln" oder „teicheln" sie, das heißt, sie schmecken auch nach Teich oder Schlamm und das ist einfach nicht gut. Liest man die alten Rezepte aus den Klosterkochbüchern, so gab es das Problem des „Schlammelns" schon vor weit über tausend Jahren. Damals wurden die Fische trotzdem gegessen, wohl deshalb, weil das restliche Nahrungsangebot einfach zu klein war.

Für den Laien beeindruckend ist, wie langsam die Fische wachsen. 50 g haben sie, wenn sie ganz jung in den Teich kommen, nach einem Jahr wiegen sie 150 g, nach zwei Jahren 250 bis 300 g und erst wenn sie drei Jahre alt sind, wiegen sie etwa 3 kg. Dann allerdings kommen sie in Geras ohne Umwege direkt vom Teich in die Küche. Damit ist nicht nur Frische garantiert, sondern erste Qualität aller Fischgerichte.

Fischeintopf

Zutaten:

1 Zwiebel,
4 Knoblauchzehen,
Öl zum Anrösten,
300 g Kartoffeln,
2 Paprikaschoten (z. B. rot und grün),
1 Melanzani,
1 Zucchini,
500 ml Gemüsebrühe, je nach Jahreszeit frische oder getrocknete Kräuter (z. B. Thymian, Estragon, Zitronenmelisse, Petersilie, Kerbel),
600 g Fischfilet (auch gefroren!), z. B. Kabeljau, Hecht, Karpfen,
Salz, Pfeffer,
Saft einer halben Zitrone, eventuell 2 – 3 Esslöffel Sauerrahm (saure Sahne)

Der Fischeintopf ist eine Speise, die man leicht variieren kann. Zum Fisch passen beinahe alle Gemüse. Dies hier ist also nur ein Vorschlag, der Fantasie sind keine Grenzen gesetzt.

Zubereitung:

Zwiebel schälen und fein hacken, Knoblauchzehen schälen und in feine Scheiben schneiden, Paprikaschoten putzen und in Streifen schneiden. Melanzani in Würfel, Zucchini in Scheiben schneiden. Wenn das Fischfilet gefroren ist, auftauen und gut abtrocknen. Fisch in dicke Streifen oder Würfel schneiden, mit Zitronensaft beträufeln und zur Seite stellen. Öl in einem Topf erhitzen, Zwiebel und Knoblauch goldgelb anrösten, Paprikaschoten zugeben und gut durchrösten. Melanzani hineingeben und mit Brühe aufgießen, Pfeffer, Salz und Kräuter dazugeben und etwa 10 Minuten sanft köcheln lassen. Nun die Zucchini beifügen und erst, wenn das Gemüse ziemlich weich ist, die Fischwürfel in den Topf geben. Vorsichtig umrühren und nicht länger als 10 Minuten dünsten lassen, damit der Fisch nicht zerfällt. Beim Anrichten kann man auf jede Portion einen Löffel Sauerrahm setzen.

Zum Fischragout passen Kartoffeln oder Vollkornbrot, auch Teigwaren.

Fischauflauf mit buntem Gemüse

Zubereitung:

Fisch waschen, abtrocknen, in grobe Würfel oder dicke Streifen schneiden und mit Zitronensaft beträufeln. Knoblauchzehen schälen und zerdrücken. Gemüse kurz in Salzwasser überkochen, es soll noch gut bissfest sein. Knoblauch ins Gemüse geben, salzen und pfeffern.

Eine Auflaufform mit Butter ausstreichen, das abgetropfte Gemüse hineingeben. Die Fischwürfel darauf setzen, gehackte Kräuter darüber streuen. Crème fraîche darüber streichen und alles im vorgeheizten Backrohr etwa 20 Minuten auf mittlerer Stufe backen.

Zur Fischpfanne passen Kartoffeln, aber auch Reis oder Hirse.

Zutaten:

etwa 500 g Fischfilet nach Wahl (auch gefroren),
Saft einer halben Zitrone,
600 g Tiefkühlgemüse (z. B. Karotten und grüne Erbsen),
Salz, Pfeffer,
2 Knoblauchzehen,
etwas Butter,
150 ml Crème fraîche,
frische oder getrocknete Kräuter (zum Fisch passen Estragon, Melisse, Dille, Petersilie, Kerbel)

Fischfilet in Kartoffelkruste

Zutaten:

4 Fischfilets (z. B. Zander), Saft einer halben Zitrone, Salz, Pfeffer, etwas Mehl, 3 Eier, 4 größere Kartoffeln, Öl zum Braten

Fisch in Kartoffelkruste bereitet der Chefkoch des Stiftes Geras oft und gerne.

Zubereitung:

Fische waschen und trockentupfen, mit Zitronensaft beträufeln. Kartoffeln schälen und fein raspeln, Eier gut verquirlen.

Fische salzen und pfeffern, in etwas Mehl wenden. Danach (wie zum Panieren) durch die verquirlten Eier ziehen und in den geriebenen Kartoffeln wenden. In einer Pfanne reichlich Öl heiß werden lassen und die Fische darin beidseitig braten.

Zum Fisch passt feines Gemüse, z. B. Zucchini, auch Blattspinat oder Sellerie.

Matjes mit Gurken und Jogurt

Matjes wird bei den Klosterneuburger Chorherrn gerne zum Nachtmahl serviert.

Zubereitung:

Matjesfilets 2- bis 3-mal durchschneiden. Salatgurke schälen, der Länge nach halbieren und die Kerne entfernen, danach in feine Würfel schneiden.

Jogurt mit Pfeffer, Salz und der zerdrückten Knoblauchzehe vermischen. Auf einer Platte die Gurkenwürfel anrichten, darauf die Matjes, darüber die Jogurtmischung. Mit Kräutern bestreuen.

Dazu passt am besten Schwarzbrot.

Zutaten:

4 Matjesfilets,
1 kleine Salatgurke,
200 ml Jogurt
(ein fettreicheres,
z. B. 5 %),
1 zerdrückte
Knoblauchzehe,
Salz, Pfeffer,
2 Esslöffel
gehackte Kräuter
(z. B. Dille,
Estragon, Zitronenmelisse, Kerbel oder
Petersilie)

Fischfilet auf Gurkengemüse

Zutaten:

4 Fischfilets (z. B. Zander, Wels, Dorsch, Kabeljau, natürlich auch feine Lachsforelle), Saft einer halben Zitrone, 2 Schalotten, etwa 400 g Gurken, 2 Knoblauchzehen, 150 g Stangensellerie, 1/8 l Weißwein, Öl zum Anbraten, Salz, Pfeffer, gehackte oder trockene Kräuter (z. B. Dille, Estragon, Melisse, Rosmarin), 1/2 Becher Crème fraîche

Zubereitung:

Fischfilets waschen, trockentupfen und mit Zitronensaft beträufeln. Schalotten und Knoblauchzehen schälen und fein hacken, Gurken schälen und in nicht zu kleine Würfel schneiden, Stangensellerie putzen und blättrig schneiden.

Öl in einem Topf erhitzen, Schalotten und Knoblauch gut anrösten, Stangensellerie dazugeben, mit Weißwein aufgießen, Gewürze und Kräuter zugeben und einmal 10 Minuten auf kleiner Flamme köcheln lassen.

Nun die Gurken dazugeben und etwa sieben Minuten weiterdünsten lassen. Kurz bevor die Gurken richtig weich sind, die Crème fraîche hineinrühren.

Dann erst die Fischfilets auf das Gemüse legen, zudecken und einige Minuten sanft dünsten lassen, danach die Flamme abdrehen und noch zugedeckt fünf Minuten stehen lassen.

Zu dieser Speise passen Kartoffeln, Polenta, Nockerln oder auch Reis. Sehr gut schmeckt auch gekochte Hirse, die ganz am Schluss vorsichtig beigemengt wird und mit dem Fisch ein wenig nachziehen soll.

Variation: Auf dieselbe Weise kann Fisch auf Zucchinigemüse oder auf Lauchgemüse bereitet werden – also: Gemüse beinahe fertig garen, dann erst die rohen Fischfilets darauf legen und dünsten.

Fischauflauf mit Mangold

Zubereitung:

Fische waschen, trockentupfen und mit Zitronensaft beträufeln. Mangold auftauen lassen. Schalotten und Knoblauch schälen und fein hacken. Öl in einer Pfanne erhitzen, Schalotten und Knoblauch goldgelb anrösten, Mangold dazugeben und würzen. Etwa 5 Minuten dünsten lassen, danach abseihen. Tomaten und Mozzarella in Scheiben schneiden.

Eine Auflaufform mit Butter ausstreichen. Mangold auf dem Boden der Form verteilen, Fischfilets darauf legen, dann die Tomatenscheiben und darüber den Mozzarella. Kräuter darüber streuen. Im Backrohr bei mittlerer Hitze etwa 30 Minuten überbacken.

Zum Fischauflauf passen Kartoffeln, aber auch Teigwaren.

Zutaten:

500 g Fischfilet,
Saft einer halben Zitrone,
600 g tiefgekühlten Mangold (oder 800 g frischen: waschen, putzen, Blätter ganz verwenden, Stiele in kleinere Stücke schneiden),
Salz, Pfeffer, geriebene Muskatnuss,
2 Schalotten,
2 Knoblauchzehen,
etwas Öl,
200 g Tomaten,
125 g Mozzarella,
Butter für die Form,
gehackte frische oder getrocknete Kräuter (z. B. Petersilie, Thymian, Kerbel)

Fischgulasch

Zutaten:

600 g Fischfilet (z. B. Karpfen, Wels), Saft einer halben Zitrone, 3 – 4 Schalotten, 2 Knoblauchzehen, Fett zum Anrösten, Salz, Pfeffer, 1 Esslöffel Paprikapulver, 250 ml Gemüsebrühe oder Wasser, einige Esslöffel Tomatenmark, einige Esslöffel Sauerrahm (saure Sahne)

Zubereitung:

Fische waschen, trockentupfen, mit Zitronensaft beträufeln. Schalotten und Knoblauch schälen und fein hacken.

Fett in einem Topf erhitzen, Schalotten und Knoblauch gut durchrösten, Paprikapulver ganz kurz mitrösten und sofort mit einer Tasse Wasser aufgießen. Pfeffer, Salz und Tomatenmark zugeben und gut durchköcheln lassen, bis die Schalotten zerfallen. Wenn nötig, noch ein wenig Wasser zusetzen.

Wenn die Grundsoße schön dick ist, die Fischstücke hineinlegen und etwa 10 Minuten auf kleinster Flamme dünsten lassen. Abdrehen, ein wenig überkühlen lassen und den Sauerrahm beifügen.

Zum Fischgulasch passen Kartoffeln, Teigwaren oder auch Polenta-Nocken.

Gefüllte Fischröllchen

Zubereitung:

Fisch waschen, trockentupfen und mit Zitronensaft beträufeln. Reis mit Salz und Curry würzen und weich dünsten. Blattspinat auftauen lassen, Schalotten und Knoblauch schälen und fein hacken.

In einer Pfanne Öl erhitzen, Schalotten und Knoblauch anrösten, Spinat zugeben, mit Salz, Pfeffer, Muskat würzen und einige Minuten dünsten lassen; er soll nicht ganz weich sein.

Die Fische der Länge nach halbieren. Den Reis mit Crème fraîche mischen, auf die Fischstreifen streichen und diese einrollen.

Auflaufform mit Butter ausstreichen. Spinat (gut abgetropft) in die Form legen, die Fischröllchen darauf setzen, mit Kräutern bestreuen und im vorgeheizten Backrohr bei mittlerer Hitze etwa 25 Minuten garen. Sollte Reis übrig bleiben, kann man kleine Bällchen formen und sie auf den Spinat setzen und mitgaren.

Eventuell mit ein wenig geriebenem Käse bestreuen.

Zutaten:

600 g Blattspinat tiefgekühlt,
Salz, Pfeffer,
2 Knoblauchzehen,
2 Schalotten,
geriebene Muskatnuss,
Öl zum Anrösten,
600 g Fischfilet (z. B. Scholle),
Saft einer halben Zitrone,
250 g Reis, Salz,
1 Esslöffel Curry,
1 Becher Crème fraîche,
Butter für die Form,
einige Esslöffel gehackte oder getrocknete Kräuter (z. B. Thymian, Petersilie, Schnittlauch)

Fischtopf mit Vollkornspiralen

Zutaten:

600 g Fischfilet (z. B. Rotbarsch, Wels, auch Karpfen), Saft einer halben Zitrone, Öl zum Anbraten, 2 Stangen Porree, 2 Stangensellerie, 200 g Pilze (z. B. Champignons), 1/8 l Weißwein, 400 g Vollkorn-teigwaren, Salz, Pfeffer, einige Esslöffel gehackte Kräuter (z. B. Dille, Estragon, Melisse, Petersilie, Kerbel)

Zubereitung:

Fisch waschen, trockentupfen, in grobe Stücke schneiden und mit Zitrone beträufeln. Porree waschen, putzen und in Ringe schneiden, Stangensellerie putzen und in kleine Stücke schneiden, Pilze putzen und in Scheiben schneiden.

Öl in einem Topf erhitzen, Porree und Stangensellerie anbraten, mit Weißwein und noch etwas Wasser aufgießen, salzen und pfeffern und auf kleinster Flamme sanft köcheln lassen. Teigwaren in Salzwasser bissfest kochen (nicht zu weich), abseihen. Kurz bevor das Gemüse weich ist, die Fischstücke und Pilze hinzugeben und sanft durchköcheln, bis der Fisch gar ist. (Das dauert keine fünf Minuten.)

Gekochte Teigwaren dazugeben, gehackte Kräuter darüber streuen und noch einmal durchziehen lassen.

Zu diesem Fischtopf gibt es keine Beilage, es ist einfach alles drinnen.

Fischbällchen

Zubereitung:

Der Fisch kann gedünstet, aber auch roh verwendet werden. Zwiebel schälen und fein hacken, Semmeln in kalte Milch für ein paar Minuten einweichen. Öl in einer Pfanne erhitzen, Zwiebel goldgelb rösten, die gut ausgedrückten Semmeln beifügen, würzen. Die Semmelmasse und die Fische werden nun gemeinsam faschiert (Küchenmaschine). Ein Ei, Senf und die Haferflocken dazugeben. Nun kleine Bällchen formen, in Semmelbröseln wälzen und in einer Pfanne mit Fett ausbacken. Statt Bällchen kann man auch kleine Laibchen formen.

Die Fischbällchen passen zu verschiedensten Gemüsesorten oder einer pikanten Soße, auch zu Kartoffelpüree.

Zutaten:

500 g grätenfreien Fisch,
1 Zwiebel,
3 altbackene Semmeln,
etwa 125 ml Milch,
Salz, Pfeffer,
gehackte Petersilie,
etwas Öl zum Anrösten,
1 Ei,
1 Esslöffel Senf,
eine Hand voll Haferflocken,
einige Löffel Brösel,
Fett zum Braten

Fischfilet mit Kräutern

Zutaten:

etwa 800 g Fischfilet nach Wahl,
Saft einer halben Zitrone,
etwas Salz,
1 Zwiebel,
1/8 l Weißwein oder Gemüse-brühe,
3 Esslöffel Butter zum Anrösten
und sehr viele verschiedene frische Kräuter, mindestens eine Schüssel voll – z. B. Kerbel, Dille, Petersilie, Basilikum, Estragon, Zitronenmelisse, Liebstöckel, Rosmarin, Fenchel

Eine ideale Speise für die Fasttage: Die Fische für diese Speise kommen aus dem klostereigenen Fischteich, die Kräuter aus dem Kräutergarten.

Zubereitung:

Fische waschen, trockentupfen und mit Zitronensaft beträufeln. Kräuter von den dicken Stielen befreien und fein hacken, Zwiebel schälen und fein hacken.

Butter in einer Pfanne erhitzen, Zwiebel darin mehr dünsten als rösten, er soll gut weich sein. Etwas Salz zum Zwiebel geben, mit Weißwein oder Gemüsebrühe aufgießen.

Die Fische in den frischen Kräutern wenden, die Kräuter gut andrücken. Nun werden die Fische nebeneinander in die Pfanne gelegt, einen Deckel darauf geben und die Fische einige Minuten dünsten lassen, einmal wenden. Wie lange die Fische brauchen um gar zu sein, hängt von der Dicke der Filets ab. Lange dauert es in keinem Fall.

Zu den Kräuterfischen passen Teigwaren oder Kartoffeln, auch Kartoffelpüree.

Karpfen in Wurzelgemüse

Ein ganz einfaches Karpfenrezept, das den Geschmack des Fisches nicht zudeckt. Es gelingt dann besonders gut, wenn die Qualität des Fisches stimmt.

In ein Gewürzsäckchen folgende Gewürze füllen: 1 Lorbeerblatt, 5 Pfefferkörner, einige Neugewürzkörner, 3 Wacholderkörner, etwas Thymian oder Estragon

Zutaten:

800 g Karpfen portioniert (Karpfenstücke), etwa 400 g „großes Wurzelwerk", z. B. 2 Karotten, 2 gelbe Rübe, 1/2 Knolle Sellerie, 1 Petersilienwurzel, eine Stange Porree, Salz, 2 Esslöffel frisch geriebener Kren (Meerrettich), Saft einer Zitrone

Zubereitung:

Karpfenstücke waschen und trockentupfen. Gemüse putzen, schälen und in gleich große Würfel bzw. Scheiben schneiden.

Einen 1/2 Liter Wasser in einen breiten Topf geben, salzen, das Säckchen mit den Gewürzen hineingeben und zum Kochen bringen. Etwa 10 Minuten sanft köcheln lassen, danach die Gemüsestücke zugeben und weiterkochen. Wenn das Gemüse beinahe weich ist, den Fisch hineinlegen, Zitronensaft dazugeben und wenn nötig noch Wasser zugießen.

Wenn der Fisch weich ist, abdrehen und zugedeckt noch ein paar Minuten nachziehen lassen. Vor dem Servieren wird frischer Kren (Meerrettich) über den Fisch gestreut.

Zum Wurzelkarpfen passen am besten Kartoffeln, frisch gekocht und einfach in Butter geschwenkt.

Süßes an Fasttagen

Süßes und Fasten – im ersten Augenblick scheinen das zwei Worte zu sein, die nicht zusammenpassen. Dennoch zählen die so genannten Mehlspeisen zu den beliebtesten und häufigsten Fastenrezepten. Natürlich hat das mit dem wunderbaren Geschmack zu tun, der Süße, die Magen und Seele wärmt, die den – wie ernährungswissenschaftlich Interessierte wissen – Serotoninspiegel hebt und dazu beiträgt, dass man sich einfach wohl fühlt, wenn man derart gelabt vom Tisch aufsteht. Diese Mehlspeisfülle hat aber auch ganz handfeste Gründe – einfache Mehlspeisen sind billig und meist unkompliziert herzustellen. Und dadurch braucht es gar nicht viel Zeit und nicht viel Geld, um eine Menge Leute satt zu machen. Es war doch meist die pekuniäre Seite, auf die es ankam. Oder, um beim Thema zu bleiben: „der Knödel", wie es wienerisch heißt oder auf berlinerisch: „die Knete".

Mehlspeisen sind die beliebtesten Fastenspeisen.

Die meisten der „Mehlspeisen" bestehen in erster Linie aus Mehl, und Mehl war nicht teuer. Dazu kommen manchmal Eier, ein wenig Butter und dann – der Luxus früher Jahre – die Süße. Wobei viele der Schmarren und Aufläufe lange Zeit ohne jede Süße auf den Tisch gekommen sind, die Süße der Äpfel oder Trockenfrüchte, die darin enthalten waren, musste ausreichen. Noch vor etwa 100 Jahren wurde in den bäuerlichen Haushalten kaum Zucker, aber ein wenig Honig verwendet, den konnte die Bäuerin billiger bekommen – beim benachbarten Imker und oft im Tauschgeschäft gegen Eier oder Butter. Dass er auch gesünder ist, hat damals niemanden gekümmert. Wichtig war, dass so wenig wie möglich zugekauft werden musste, daher wurde mit all dem gekocht, was der Hof selbst produzieren konnte; und im klösterlichen Bereich galten genau dieselben Gesetze.

Mehl, Butter, Eier und Honig – das reicht bis heute, um wunderbar saftig-duftige Gerichte zu zaubern. Und wenn es davor vielleicht noch eine gute Gemüsesuppe gibt, bleibt der Magen bis zum Abend gut gefüllt.

Andechs ist wegen seines köstlichen Bieres weit über die Grenzen bekannt.

Mehlspeisen werden im bayrischen Kloster Andechs bei München an Fasttagen gern bereitet. Schweigend nehmen die Benediktinermönche ihre Mahlzeiten ein und hören während des Essens eine Lesung aus der Bibel, wie es die Ordensregeln des heiligen Benedikt vorschreiben. Andechs zählt zu den populärsten Klöstern Deutschlands. Einerseits wegen seiner gut geführten Klosterbetriebe – ein Gasthof, die Metzgerei, das Bräustüberl, ein Klosterladen – aber natürlich vor allem wegen des köstlichen Andechser Biers, das in der Klosterbrauerei hergestellt und weithin im Land verkauft wird. Dass das Kloster Andechs ein wirtschaftlich gut geführtes Unternehmen ist, verdankt es nicht zuletzt dem umtriebigen Pater Anselm, der es schafft, das Leben von Mönch und Manager gut in sich zu vereinen. Pater Anselm ist ein unglaublich vielseitiger Mensch, gerne gesehener Gast in Diskussionsrunden „über Gott und die Welt" und sogar als Moderator im bayrischen Fernsehen. Auch etliche Bücher hat der Pater geschrieben, darunter ein Kochbuch: „Kochen für Leib und Seele – das Kloster-Andechs-Kochbuch". Dabei ist er selbst, das verraten die guten Geister der Klosterküche, „der Allerbescheidenste. Wenn dem was net schmeckt, der sagt nia was. Dann isst er einfach an Salat und a Stück Brot." Mittwoch und Freitag sind im Kloster Andechs die fleischfreien Tage. Wobei der Mittwoch mit verschmitztem Lächeln als „kleiner Fasttag" bezeichnet wird, an dem doch auch manchmal „das

Fleisch versteckt" auf den Tisch kommt, wenn auch nicht grad in der österlichen Fastenzeit. Dann gibt es halt Lasagne mit Faschiertem oder Gemüseaufläufe mit ein bisschen Schinken. Oder auch einmal ein Würstchen zu den Linsen. An Freitagen isst man in Andechs öfter Fisch, meist paniert, „denn das essen alle am liebsten". Aber häufig gibt es Mehlspeisen: „Rohrnudeln, Pfannenkuchen, Schmarren – da machen wir alles, was es gibt. Mehlspeisen gibt's wirklich oft." Und nach einigem Nachfragen verraten die guten Küchengeister endlich, dass es da doch etwas gibt, das der Pater Anselm auch gern ist: „Hackbraten. I glaub, das is seine Lieblingsspeis. Aber die gibt's ohnehin net an Fasttagen."

Aus den Regeln des heiligen Benedikt:

Beim Tisch der Brüder darf die Lesung nicht fehlen:
Doch soll nicht der Nächstbeste
Nach dem Buch greifen und lesen,
sondern der vorgesehene Leser beginne am Sonntag seinen Dienst für die ganze Woche …
Es herrsche größte Stille.
Kein Flüstern und kein Laut sei zu hören, nur die Stimme des Lesers.

Bier wurde schon seit dem Mittelalter in den Klosterbrauereien hergestellt. Damit sie während der vielen Fasttage, die im Mittelalter noch vorgeschrieben waren, nicht auf das geliebte Bier verzichten mussten, sollen findige Mönche den Vatikan mehr oder weniger ausgetrickst haben. Bayrische Benediktiner sollen ein Fass Bier nach Rom geschickt haben, damit die zuständige Kirchenbehörde selbst prüfen könne, ob Bier an Fasttagen getrunken werden dürfe. Das Bier ist vom vielen Schütteln auf dem langen Weg sauer geworden, und wurde daher als Fastengetränk zugelassen, da es ja wahrlich nicht zu den Genussmitteln zu zählen war. So weit die Legende.

Aber „Klosterbräu" ist an vielen Orten bereitet worden. Noch im frühen 9. Jahrhundert lag das Brauwesen im Reich von Karl dem Großen beinahe ausschließlich in den Händen von Mönchen und Nonnen. Allein in

Bayern sollen damals 300 Klöster Bier gebraut haben. In Österreich hat das heute noch erhältliche „Gösser Bier" lange klösterliche Tradition. Die Gösser Brauerei steht noch heute auf diesem Grundstück, allerdings als weltliches Unternehmen. Um das Jahr 1020 wurde im ältesten Kloster der Steiermark, einem Damenstift, von den Nonnen Bier gebraut. „Püer" nennt es die Stiftschronik.

Aus einem alten Klosterkochbuch:

Ein Mus von Gerstenbier

Reibe ein altbackenes Brod, thue es in das Bier, nicht zu dicke noch zu dünne. Thue darein gestoßenen Kümmel, Anies und Coriander und ein wenig Zucker oder Honig, rühre es flugs durcheinander und richte es an."

Der „Gerstensaft" ist ja ein kalorienreiches Getränk. In den Klöstern nannte man das Bier gerne „flüssiges Brot", es war wichtiger Bestandteil der Nahrung von Mönchen und Nonnen und wurde auch in vielen Speisen verkocht. Ein berühmtes Beispiel dafür ist der Bierteig, ein Backteig, durch den man zum Beispiel Apfelscheiben zieht, die in reichlich Fett knusprig gebraten werden.

Vollkorn-Schmarren

Zubereitung:

In einer Rührschüssel Mehl, Milch, Eigelbe, Honig, Vanillezucker, Zimt, Salz gut verrühren. In einer zweiten Schüssel die Eiweiße zu steifem Schnee schlagen. Schnee unter den Teig heben und die Rosinen einstreuen. Backrohr vorheizen auf mittlere Stufe.

In einer Auflaufform etwa 3 Löffel Butter erhitzen, den Teig in die Form gießen und 10 Minuten bei mittlerer, danach bei schwacher Hitze backen. Nach etwa 10 Minuten sollte die Unterseite des Schmarrens sanft knusprig sein, die Form herausnehmen, den Schmarren wenden, wieder ins Backrohr stellen und fertig backen. Wenn die Oberseite auch sanft knusprig ist, wird der Schmarren mit zwei Gabeln in Stücke gerissen und zieht im abgedrehten, noch warmen Rohr etwa 10 Minuten nach.

Vor dem Servieren mit Zucker bestreuen. Dazu passt Kompott.

Zutaten:

300 g Vollkornmehl (Dinkel- oder Weizenmehl oder beides gemischt),
350 ml Milch,
4 Eier (getrennt in Eiweiß und Eigelb),
3 Esslöffel Honig,
3 Esslöffel Rosinen,
etwas Vanillezucker,
1 Teelöffel Zimt,
1 Prise Salz,
Butter zum Backen,
brauner Zucker zum Bestreuen

Einfacher Grießschmarren

Zutaten:

250 g Grieß,
500 ml Milch,
(auf Wunsch: 1 Ei),
1 Prise Salz,
3 Esslöffel Rosinen,
ein wenig Mehl für die Rosinen, Butter zum Ausbacken

Dieser Schmarren lässt sich vorzüglich aus Vollkorngrieß (Weizen oder Dinkel) bereiten, er wird auch flaumig, aber durch den Vollkorngrieß saftiger.

Zubereitung:

In einer Schüssel Grieß mit kalter Milch, eventuell dem Ei und Salz gut verrühren und eine halbe Stunde stehen lassen. Rosinen ganz leicht in Mehl wälzen und unterrühren. Wenn der Teig zu fest ist, noch ein wenig Milch dazugeben. Backrohr vorheizen.

In einer Pfanne Butter erhitzen und gut zwei Esslöffel des Teiges ins heiße Fett geben, gut verteilen und wie eine Palatschinke (Pfannkuchen) auf beiden Seiten leicht knusprig backen.

Die fertig gebackene Grießflade in eine Auflaufform (ohne Fett) legen und mit zwei Gabeln in Stücke reißen. Den restlichen Teig portionsweise so verarbeiten. Die Auflaufform mit dem Schmarren wird für etwa 15 Minuten ins Rohr gegeben, wo der Grießschmarren bei unterer Hitze gut durchziehen kann. Vor dem Servieren mit Zucker bestreuen.

Dazu passt Kompott.

Topfen-Schmarren

Zubereitung:

In einer Rührschüssel den Topfen mit Sauerrahm, Gewürzen, Eigelben, Zucker, Vanillezucker, Puddingpulver und Grieß nach und nach gut verrühren. Diese Mischung mit einem Tuch zudecken und 20 Minuten ziehen lassen.

In einer zweiten Schüssel die Eiweiße zu steifem Schnee schlagen und vorsichtig unter die Topfenmasse geben. Backrohr auf mittlere Hitze vorheizen.

In eine Auflaufform 2 – 3 Esslöffel Butter geben, die Butter erhitzen, dass sie schön zerlauft, die Topfenmasse hineingeben und gleichmäßig verteilen. Im Backrohr etwa 10 – 15 Minuten backen. Danach den Schmarren mit zwei Gabeln in Stücke reißen. Vor dem Servieren mit Zucker bestreuen.

Dazu passt Kompott oder auch Mus.

Zutaten:

500 g Topfen (Quark),
250 ml Sauerrahm (saure Sahne), ein wenig geriebene Zitronenschale,
1 Prise Salz, etwas Vanillezucker,
3 Esslöffel Vollkorngrieß,
1 Päckchen Vanillepuddingpulver,
3 Esslöffel Zucker,
5 Eier (getrennt in Eiweiß und Eigelb),
Butter für die Auflaufform,
Zucker zum Bestreuen

Rohrnudeln oder Buchteln

Zutaten:

500 g Mehl,
80 g Kristallzucker,
80 g Butter,
1 Päckchen Trockenhefe,
ca. 3/16 l Milch,
3 – 4 Eigelb,
eine Prise Salz,
etwas geraffelte Zitronenschale,
1 Päckchen Vanillezucker,
Marillenmarmelade zum Füllen,
reichlich Butter zum Bestreichen und Ausfetten

Ein Fastenrezept aus der Kneipp-Kuranstalt der Barmherzigen Brüder in Schärding am Inn

Zubereitung:

In einer weiten Rührschüssel Mehl, Zucker, Vanillezucker, Salz, Zitronenschale, Trockenhefe und Eigelbe vermischen. Die Milch mit der Butter leicht erwärmen, dass die Milch gut lauwarm ist und die Butter darin sehr weich wird. Beides zur Mehlmasse geben und mit den Knethaken der Rührmaschine gut durcharbeiten. Mit einem Tuch gut zudecken und an einem warmen Ort eine halbe Stunde rasten lassen, damit er aufgehen kann.

Nun den Teig aus der Schüssel nehmen, auf eine bemehlte Arbeitsfläche geben und dünn ausrollen. Mit einem scharfen Messer Vierecke schneiden – fünf mal fünf Teile. In die Mitte jedes Viereckes ein Löffelchen Marillenmarmelade setzen. Die vier Ecken des Vierecks übereinander schlagen und gut zusammendrücken. Nun wird jede einzelne dieser „Buchteln" mit zerlassener Butter bestrichen. Eine Pfanne gut mit Butter ausstreichen und die Buchteln mit der verschlossenen Seite nach unten in die Pfanne setzen. Noch einmal zudecken, damit sie aufgehen können. In der Zwischenzeit das Backrohr vorheizen und die Buchteln bei mittlerer Hitze backen, während des Backens 2- bis 3-mal mit zerlassener Butter bestreichen. Die fertigen Buchteln etwas überkühlen lassen, danach die Pfanne umdrehen und die Buchteln auf ein Tuch stürzen, sie lassen sich leicht von einander trennen. Vor dem Servieren mit Zucker bestreuen.

Apfelscheiben in Bierteig

Zubereitung:

Die Äpfel schälen, Kerngehäuse entfernen und in nicht zu dünne Spalten oder auch Stücke schneiden (etwa 2 cm dick). Die Apfelstücke mit Zucker und Zimt bestreuen und mit Zitronensaft beträufeln und stehen lassen.

Für den Teig das Mehl in eine Rührschüssel geben, Bier, Öl, Eigelbe, Zucker, Salz darunter mischen und zu einem glatten Teig verrühren. Aus den Eiweißen festen Schnee schlagen und unter den Teig ziehen.

In einer Pfanne (oder Friteuse) Fett erhitzen. Die Apfelstücke durch den Teig ziehen und ins heiße Fett legen. Sie sollen gut im Fett schwimmen und werden kurz von allen Seiten gebacken, bis sie goldgelb sind. Herausheben und auf Küchenpapier gut abtropfen lassen. Vor dem Servieren mit Zucker bestreuen.

In diesem Bierteig können auch andere Früchte gebacken werden – z. B. Trockenfrüchte – entkernte Dörrpflaumen – oder nicht zu weiche Marillen. Der Bierteig wird auch gerne zum Ausbacken von (vorgekochtem) Gemüse verwendet. In diesem Fall wird er ohne Zugabe von Zucker bereitet.

Zutaten:

etwa 400 g Äpfel, Fett zum Ausbacken, Saft einer halben Zitrone, 2 Esslöffel Staubzucker (Puderzucker), 1 Teelöffel Zimt, Zucker zum Bestreuen

für den Bierteig:
130 g Mehl (auch Vollkornmehl),
1/8 l helles Bier,
2 Esslöffel Öl, 2 Eier (getrennt in Eiweiß und Eigelb),
30 g Zucker, eine Prise Salz

Fürzelchen

Willst du ein Fürzelchen, oder wie mans in der Schlesingen nennt ein Knalläffchen, backen, so schäle kleine gute Äpfel, schneide sie in zwei Theile oder auch in vier, darnach sie groß sind, und zerklopfe ein Eiweiß, salze das ein wenig, thue die Äpfel hinein und schütte darzu Weizenmehl und mache die Äpfel wieder gar trocken mit dem Mehle. Und thue sie in eine heiße Butter und backe sie wohl, dass sie fein resch werden. Dann richte sie an und bestreue sie mit Zucker.

Roggenbrot in Bierteig

Zutaten:

6 dünne Scheiben Roggenbrot, reichlich Fett zum Ausbacken, Zucker, Zimt zum Bestreuen

Zutaten für den Bierteig (siehe Rezept Apfelscheiben, S. 195)

Zubereitung:

Bierteig zubereiten wie im Rezept „Apfelscheiben in Bierteig" beschrieben.

Roggenbrot, wenn es groß ist, halbieren. Durch den Backteig ziehen und in heißem Fett auf beiden Seiten goldgelb backen. Herausnehmen, auf Küchenpapier gut abtropfen lassen. Zucker und Zimt vermischen und das fertige Roggenbrot damit bestreuen.

In diesem Fall passt am besten Apfelmus dazu. Roggenbrot wurde aber auch oft ungesüßt zubereitet. Dann wurde es mit Salat oder auch mit eingelegten sauren Gurken oder sauren Rüben gegessen.

Scheiterhaufen

In den älteren Kochbüchern wird dieses Gericht „Spanischer Scheiterhaufen" genannt. Eine eher grimmige Bezeichnung, die an die schlimmen Zeiten der Spanischen Inquisitoren, zumeist Dominikanermönche, erinnert. In Wahrheit ist der Scheiterhaufen eine flaumige Mehlspeise, die feine Weiterentwicklung des einfachen Semmelschmarrens. Und eine beliebte Speise, um alt gewordene Semmeln zu verarbeiten.

Zutaten:

6 altbackene Semmeln oder dieselbe Menge Weißbrot,
400 ml Milch,
3 Esslöffel Zucker,
3 Eier (getrennt in Eiweiß und Eigelb),
60 g Zucker,
Vanillezucker,
1 Esslöffel Butter,
250 g Topfen,
3 Esslöffel Rosinen,
5 mittelgroße Äpfel, Saft einer halben Zitrone,
1 Teelöffel Zimt,
Butter für die Auflaufform,
3 Esslöffel Staubzucker (Puderzucker)

Zubereitung:

Die Äpfel schälen, entkernen und in dünne Scheiben schneiden. Mit Zitrone beträufeln und mit Zimt bestreuen. Semmeln blättrig schneiden und in eine Schüssel legen. Mit Milch übergießen, mit 3 Esslöffeln Zucker bestreuen und etwa 10 Minuten stehen lassen.

In einer Rührschüssel Butter und Topfen glatt rühren, Eigelbe, Zucker, Vanillezucker und Rosinen dazugeben. In diese Schüssel werden nun die eingeweichten Semmelschnitten gegeben und vorsichtig durchmischt. Eine Auflaufform gut ausbuttern, die Hälfte der Semmelmasse einfüllen. Darauf die geschnittenen Äpfel legen und mit der zweiten Hälfte der Semmelmasse bedecken. Im Backrohr bei mittlerer Hitze etwa eine halbe Stunde langsam durchbacken. In der Zwischenzeit die Eiweiße zu festem Schnee schlagen, Staubzucker einrieseln lassen. Auf den fertig gebackenen Scheiterhaufen den gezuckerten Eischnee streichen und bei oberer Hitze backen, bis er sanft braun geworden ist.

Tipp: Wenn die Semmelmasse einmal zu weich scheint, 1 – 2 Esslöffel Puddingpulver unterheben, das zieht Flüssigkeit an.

Pfannenkuchen

Zutaten:

200 g Mehl (auch Vollkornmehl), 250 ml Milch, 1 Prise Salz, 80 g Zucker, 6 Eier (getrennt in Eiweiß und Eigelb), Butter zum Backen, Marmelade zum Füllen, Zucker zum Bestreuen

Pfannenkuchen werden im Kloster Andechs gerne an Freitagen serviert.

Zubereitung:

In einer Schüssel Mehl, Milch, Salz, Zucker und Eigelbe gut durchrühren.

In einer zweiten Schüssel Eiweiße zu steifem Schnee schlagen und vorsichtig unter die Mehlmasse heben. In einer Omelettenpfanne Butter erhitzen, einen Teil des Teiges eingießen und backen, dann mit Hilfe einer Backschaufel umdrehen und auch auf der zweiten Seite sanft knusprig anbacken.

Während der restliche Teig in der Omelettenpfanne gebacken wird, kommt der bereits gebackene Pfannenkuchen in einer anderen Pfanne in das Backrohr und kann dort bei mittlerer Hitze noch ein wenig knuspriger werden.

Die Pfannenkuchen können mit Marmelade gefüllt und mit Zucker bestreut werden.

Ein Rezept aus „Die Klosterküche von Wörishofen" von 1892:

Pfannenkuchen auf gemeine Art (für zwei Personen)

Nimm drei bis vier Eier und ebensoviel Kochlöffel voll schönes Mehl, ein Stück zergangene Butter (ein halbes Hühnerei groß), Salz, nach Belieben Zucker dazu und rühre es mit Milch zu einem Teig, ein wenig dicker als zu Flädlein, mache Schmalz in einer Pfanne heiß, gieße soviel von dem Teig hinein, dass der Kuchen einen halben Finger dick wird, lass ihn schön gelb backen, wende ihn um, dass er auf der anderen Seite auch gelb wird und stürze ihn zuletzt heraus, wenn er fertig ist."

Palatschinken

Zutaten:

200 g Mehl,
1 Prise Salz,
1 Ei,
300 ml Milch,
Öl zum Ausbacken

Palatschinken lassen sich sehr gut aus Vollkornmehl zubereiten. In diesem Fall benötigen sie allerdings ein wenig mehr Flüssigkeit.

Zubereitung:

Mehl in eine Rührschüssel geben und mit Salz, Ei und Milch gut zu einem dünnflüssigen Teig verrühren. Teig eine halbe Stunde stehen lassen, ist er zu dick, etwas Milch, besser aber noch etwas Mineralwasser zugießen und gut verrühren. In einer Omelettenpfanne Öl erhitzen, einen kleinen Schöpflöffel voll Teig ins Öl gießen und gleichmäßig dünn verlaufen lassen. Rasch backen, dann mit Hilfe einer Backschaufel umdrehen und auch auf der anderen Seite goldbraun backen.

„Palatschinken" werden oft mit „Pfannkuchen" gleich gestellt. Nun ist das zwar eine gute Erklärung, ganz richtig ist sie nicht. Pfannkuchen werden wie Palatschinken in einer flachen Pfanne auf dem Herd gebacken, sind aber aus dickerem Teig und der Teig wird auch am Pfannenrand ein wenig höher. Palatschinken hingegen sind aus ziemlich dünnflüssigem Teig. Aber beide, sowohl Pfannkuchen wie Palatschinke, gelten im Grunde als „gebackene Eierkuchen".

Die Palatschinken können mit Marmelade gefüllt und mit Zucker bestreut gegessen werden.

Oder man füllt sie mit Topfen:

Topfenpalatschinken

Zutaten:

für die Fülle:
300 g Topfen (Quark),
4 Esslöffel Honig,
2 Esslöffel Rosinen,
Vanillezucker,
2 Esslöffel Vollkorngrieß,
1 Päckchen Vanillepuddingpulver,
2 Eier (getrennt),
Butter für die Form,
500 ml Milch,
1 Ei

Zubereitung:

Man rechnet pro Person 2 fertige Palatschinken.

Für die Fülle in einer Schüssel Topfen, Honig, Vanillezucker, Puddingpulver, die Eigelbe und den Vollkorngrieß gut verrühren. Eiweiße zu steifem Schnee schlagen und unter die Masse heben. Eine Auflaufform mit Butter gut einfetten. Die Palatschinken mit dieser Topfenfülle bestreichen, einrollen und eng nebeneinander in die Form setzen. Backrohr vorheizen. Die Milch mit dem Ei gut verquirlen und über die Palatschinken gießen. Die Auflaufform ins Backrohr stellen und bei mittlerer Hitze backen, bis die Milch gestockt ist.

Aus einem handgeschriebenen Kochbuch von 1905:

Kapuzinernockerl

Treibe in einer Kasserolle ein Stück Butter schön flaumig ab, schlage 4 Eier, eines nach dem anderen dazu, gib Salz, ein wenig klein geschnittene Zitronenschalen, 2 handvoll fein geriebene Semmelbröseln, ein wenig fein gestoßene Mandeln, 1 Esslöffel voll gestoßenen Zuckern, ein wenig Weinbeeren dazu, mache eigroße Knödel daraus, backe sie schön heiß aus dem Schmalz und gib sie auf eine Schüssel, schütte ein wenig Obers darüber, besäe sie mit gestiftelt geschnittenen Mandeln und lasse sie zugedeckt ein wenig ausdünsten.

Riebel (auch: „Stopfer")

Zutaten:

500 ml Milch,
500 ml Wasser,
1 Prise Salz,
350 g Maisgrieß (Polenta),
Butter für die Form (etwa 100 g)

Riebel ist eine traditionelle Speise der Länder rund um den Bodensee, im Grunde ist es eine Art Sterz aus Maisgrieß (Polenta).

Zubereitung:

Eine Mischung aus Milch und Wasser in einem breiten Topf zum Sieden bringen, Maisgrieß einrieseln lassen, dabei ständig umrühren. Nur etwa zwei Minuten aufkochen, vom Herd nehmen und stehen lassen. Diesen dicken Brei etwas überkühlen lassen.

Im Originalrezept wird nun reichlich Butter in einer Pfanne erhitzt und der fest gewordene Brei auf kleinster Flamme darin unter ständigem Rühren gebraten und zerstoßen, bis er schön knusprig und bröselig ist. Da muss man allerdings schon mit einer Zeit von bis zu 50 Minuten rechnen.

In Vorarlberg gibt es einen weit verbreiteten Spruch:

„As stoht scho idor Bibel
am beschtö ischt Kaffe und Riebel!"

Um Zeit zu sparen, ziehen viele Köche die zweite Variante vor:

In einer Auflaufform reichlich Butter zerlaufen lassen, Brei eingießen und im Backrohr bei mittlerer Hitze ausbacken. Wenn er auf der einen Seite knusprig ist, herausnehmen und umdrehen, damit auch die andere Seite schön goldgelb gebacken ist. Am Schluss mit zwei Gabeln in kleine Stücke reißen und noch etwa 15 Minuten im Backrohr nachziehen lassen.

Der Riebel wird überzuckert, dazu reicht man Apfelmus. Oder er wird ohne Zucker gegessen, dann passt auch Salat.

Nachdem die Zubereitung von Riebel zeitaufwendig war, hat man früher große Mengen auf einmal gemacht. Der restliche Riebel wurde dann auch zum Kaffee gereicht.

Kloster-Tommerl

Zutaten:

500 ml Milch,
250 g Maisgrieß (Polenta),
1 Prise Salz,
2 Esslöffel Honig,
1 Esslöffel Butter,
Zucker zum Bestreuen,
4 mittlere Äpfel,
2 Esslöffel Zucker,
1 Teelöffel Zimt,
Saft einer halben Zitrone,
Butter für die Form

Ein „Tommerl" ist eine Art „Schmarren". Der „Kloster-Tommerl", lässt sich auch aus Vollkornmehl machen. Das Verhältnis Milch/Mehl ist dabei das gleiche wie beim Maisgrieß.

Zubereitung:

In einem Topf Milch aufkochen und den Maisgrieß einlaufen lassen, gut umrühren, Salz, Honig und einen Esslöffel Butter zugeben und verrühren. Der Maisgrieß soll in der Milch nur einmal aufkochen, dann beiseite stellen und nachziehen lassen. Die Äpfel schälen und entkernen, blättrig schneiden und mit Zucker und Zimt bestreuen, mit Zitronensaft beträufeln. Eine Auflaufform gut mit Butter ausfetten. Die Hälfte der Maisgrießmasse einfüllen, Äpfel darauf legen, die zweite Hälfte über die Äpfel streichen. Im vorgeheizten Backrohr bei mittlerer Hitze etwa eine halbe Stunde backen. Vor dem Servieren mit Zucker bestreuen.

Nahrung im Überfluss

Das Fest ist vorüber. Wieder einmal wurde das Büfett zu reichlich aufgebaut, es ist allerhand übrig geblieben. Was tun wir bloß mit dem vielen Essen? Reichlich Weißbrot ist darunter. „Das bringen wir zur Großmutter, die kann das noch verwerten", so beschließt das die Familienchefin.

Da fragt der 12-Jährige, ein Kind, das gerne liest und guten Zugang zur Sprache hat: „Was heißt das – verwerten?"

Verwertung von Nahrungsmitteln ist uns fremd geworden.

Das Wort ist ihm fremd. Er hat keine Ahnung, was mit übrig gebliebenen Nahrungsmitteln zu geschehen hat. Außer wegwerfen natürlich. Die Geschichte von den armen afrikanischen Kindern hat schon seine Mutter genervt, als sie ein Kind war. Ihm wird sie erst gar nicht mehr erzählt. Nahrung ist alles Mögliche, aber selten Luxus. Zumindest nicht in unserer letztlich doch vorwiegend wohlhabenden Gesellschaft.

Laut Duden heißt verwerten: einer Nutzung zuführen.

Im praktischen Küchenleben der Großmütter hieß das: kein Nahrungsmittel wegwerfen. Aus allem lässt sich noch etwas machen.

Was in Notzeiten auf die Spitze getrieben wurde und noch heute manchen schaudern lässt („Wie verwende ich schimmliges Brot? Was mache ich mit wurmigen Erbsen?"), ist in unserer Überflussgesellschaft beinahe unbekannt. Daran, wie man Übriggebliebenes weiterverwenden kann, verschwenden nur wenige ihre Gedanken.

Wir kaufen in der Regel mehr ein, als wir brauchen. Wir lieben es, am Sonntagvormittag vor offener Kühlschranktür zu überlegen, ob wir abends Koteletten grillen oder doch lieber die „gesunden Grünkernbratlinge" ins Backrohr schieben wollen.

Dazu muss aber ein reiches Sortiment an Nahrungsmitteln im Haus sein. Wird das nicht rechtzeitig verbraucht, verdirbt es. Der Obstkorb soll appetitlich aussehen, mit zwei, drei Früchten ist da kein Staat zu machen. Leider halten die Früchte nicht ewig, also müssen neue her.

Und der Frühstückstisch soll auch schön aussehen, allein das Körbchen mit frischem Gebäck erfreut schon das Auge. Natürlich isst niemand so viel und was mit den alt gewordenen Brötchen und Briochen geschehen soll, weiß auch keiner so recht.

Unser Umgang mit Nahrungsmitteln ist sehr verschwenderisch geworden.

Die Zahl der weggeworfenen Lebensmittel ist erschreckend. Abends wird, so scheint es, rasch in der Küche Ordnung gemacht und alles entsorgt, was nicht mehr gebraucht wird. Und so Platz geschaffen für die neue Ladung an Konsumgütern, oder besser formuliert: Nahrungsmitteln.

Vielleicht wäre es an der Zeit, den Umgang mit den Lebensmitteln, mit unserem Essen, neu zu überdenken. Mit ein wenig Planung und reichlich „Mut zur Lücke" ließe sich viel einsparen. Kinder haben hier oft einen viel vernünftigeren Zugang. Der schon erwähnte 12-Jährige wurde am Tag vor dem Weihnachtsfest von seiner Mutter zum Gemüseladen geschickt, um „etwas Obst für die Feiertage" zu kaufen. Was seine Mutter darunter verstand, hat sie nicht genau definiert. Also hat er gekauft, was er für richtig hielt: drei Äpfel. Sein Argument für die doch ein wenig karge Besorgung war einleuchtend: „Wir sind drei zu Hause. Und du glaubst doch nicht, dass wir jetzt, wo es so viele Kekse gibt, mehr als einen Apfel essen."

Der Obstteller hat dann ziemlich leer ausgesehen. Aber in der Tat sind die schönen Trauben, Bananen und Birnen niemandem abgegangen.

Aber zurück zur „Verwertung". Noch in den 1960er Jahren war ein Wochen-Speiseplan in einer Durchschnittsfamilie so gestaltet, dass die Reste vom Vortag in die Bereitung des Mittag- oder Abendessens einbezogen wurden. Ja, manchmal wurde auch bewusst mehr gekocht, damit am nächsten Tag daraus eine neue Speise entstehen konnte. Gab es zum Beispiel am Montag eine Speise mit Knödel, so standen am Dienstag „Geröstete Knödel mit Ei" auf dem Programm. Für ein „Gulasch mit Spätzle" wurden reichlich Spätzle bereitet, am nächsten Tag wurden daraus „Eiernockerl" oder „Eierspatzen". Alt gewordene gekochte Kartoffeln wurden geschält, gepresst und zu einem Teig verarbeitet und daraus Knödel gemacht. Alt gewordenes Gebäck wurde in Würfel geschnitten und zu Semmelknödel verarbeitet. Oder aber es entstanden köstliche süße Mehlspeisen aus übrig gebliebenem Weißbrot. Aus dem Kartoffelsalat wurden im Handumdrehen „Dillkartoffeln" gezaubert, aus Tomatensalat würzige Tomatensoße. Fleischreste wurden faschiert und zu faschiertem Braten (Hackfleischbraten) oder faschierten Laibchen (Frikadellen) verarbeitet. Gab es einen Tag „Selchfleisch", so wurden am nächsten Tag „Schinkenfleckerln" gekocht, für die das Selchfleisch in kleine Würfeln geschnitten wurde. Für die Hausfrauen bedeutete diese Arbeit des Planens und Verwertens nicht nur die Gewissheit, gut gewirtschaftet zu haben, sondern auch eine tatsächliche Arbeitserleichterung. Es musste einfach nicht jeden Tag neu gekocht werden.

Der Speiseplan wurde nach zu verwertenden Resten ausgerichtet.

Eine moderne „Resteverarbeitung" sind zum Beispiel Gemüselaibchen. Dazu wird einfach übrig gebliebenes Gemüse faschiert, mit einem Ei und Grieß oder gekochten Kartoffeln gebunden, zu Laibchen geformt, die in der Pfanne oder im Backrohr gebraten werden. Allerdings braucht es zu einer solchen Menüplangestaltung eine sehr bewusste Einstellung zum Essen und auch ein wenig kochtechnisches Know-how, zumindest aber einen halbwegs praktischen Verstand. Und eine gehörige Portion Selbstbewusstsein, damit man sich nicht von schlauen Gesellschaftstigern irre machen lässt.

Manche Topköche, die auf Gesellschaftsseiten der Illustrierten ihren festen Platz haben, lassen uns heute wissen, dass exquisite Menüs einfach frisch zubereitet werden müssen. Wer sich in der Praxis im so genannten Normalhaushalt daran hält, wird auch eine Einladung für einen kleinen Kreis stets als Vollstress erleben. Gäste unterhalten und gleichzeitig den Kochlöffel schwingen, das geht einfach nicht. Tatsächlich aber lassen sich viele Arbeitsschritte vorbereiten, viele Lebensmittel

vorbehandeln und Speisen sogar problemlos vorkochen. Ob Gemüsestrudel oder Lasagne, Sojalaibchen oder Spinatpalatschinken – manchen Speisen tut es sogar gut, nach der Fertigstellung langsam und durchaus auch geraume Zeit im Backrohr „nachzuziehen". Ein Essen für Gäste, das gut vorbereitet ist, schmeckt ebenfalls wunderbar. Und es ermöglicht das, was an solchen Abenden im Grunde das Wichtigste ist: in Ruhe beisammen zu sitzen, miteinander zu reden und eine Menge zu Spaß haben.

Fasten bedeutet auch: Mit weniger auskommen.

Vielleicht ist der Grundgedanke, der heute das Thema „Fasten" begleitet, doch derselbe, den die buddhistischen Mönche vor Jahrhunderten formuliert haben: „Mit weniger auskommen". Oder, in die von uns so geliebte Kurzformelsprache gebracht: „Weniger is(s)t mehr".

Auch das Besondere kann einfach sein ...

Wenn im Kloster gefeiert wird, sind die Menschen dort fröhlich und heiter gestimmt wie auch anderswo. Denn Gebet und Meditation, Besinnung und Stille schließen Lachen und Fröhlichkeit nicht aus, im Gegenteil. Um sich das vorzustellen, braucht's nicht erst das respektlose Volkslied aus dem frühen 19. Jahrhundert:

„Frisch auf, ihr Klosterbrüder mein, es soll und muss gefeiert sein!" Gefeiert wurde dort aus einem einfachen Grund – der Chef war ausgeflogen, und zwar per Pferd: „Der Abt, der reit', der Abt, der reit' – Frisch auf, ihr Brüder! Er kommt nit heut noch morgen wieder!"

Und so nützten die Mönche die Gunst der Stunde und begaben sich gut gelaunt in den Keller, um ein frisches Fass Bier anzuzapfen. Das war erst der Beginn eines ausladend heiteren Abends ...

Eine derart schulähnliche Atmosphäre, dass Mönche darauf lauern, dass „die Luft rein" ist, damit sie endlich einmal „auf den Putz" hauen können, kann man sich in einem heutigen Kloster nicht mehr vorstellen. Dort leben nicht mehr streng geführte Zöglinge, sondern mündige Menschen, die selbst entscheiden, wie sie ihr Leben gestalten. Äbte und Äbtissinnen sind viel und oft unterwegs, gerade weil ihre Tätigkeit weit in den Bereich des modernen Managements gekommen ist. Klöster sind immer auch wirtschaftliche Unternehmen, die nicht mehr wie einst von kaiserlichen oder fürstlichen Gnaden erhalten werden, sondern selbst darauf achten müssen, dass sie finanziell über die Runden kommen.

Und das ist in Anbetracht der denkmalgeschützten, finanziell schwer zu erhaltenden Räumlichkeiten gar nicht einfach. Der Tag im klösterlichen Leben ist streng eingeteilt und viele Mönche und Nonnen sind in wichtigen und verantwortungsbewussten Positionen tätig. Dennoch leben sie in der Gemeinschaft, die sie sich selbst gewählt haben. Sie nehmen an den vorgeschriebenen gemeinsamen Gebeten teil und, so es nur irgendwie möglich ist, an den gemeinsamen Mahlzeiten – sie beten miteinander und sie feiern miteinander.

Saftige Braten und knusprige Koteletts, Schnitzel, Hühner und Gänse werden auch in der Klosterküche an Feiertagen geschmurgelt. Wenn es aber an einem der Fasttage etwas zu feiern gibt, hält man sich an gewisse Regeln. Die Mahlzeiten sollten fleischlos sein und nicht zu üppig. Daher finden sich an Klostertischen an diesen Tagen oft kleine, feine Imbisse oder Speisen, die einfacher bereitet werden als an der großen, üppigen Tafel üblich. Da gibt es zum Frühstück eben keine Torte, sondern selbst gemachtes Kartoffelbrot oder einen Hefezopf. Und abends ein feines Omelett mit frisch geerntetem Gemüse aus dem Klostergarten. Oder einen Teller mit verschiedenen Aufstrichen, die dann mit ihren roten, grünen und weißen Kügelchen lustig und bunt auf dem Teller leuchten. Oder Weißbrotscheiben, die mit Käse überbacken wurden, wobei die Brote mit verschiedensten Formen ausgestochen wurden. Das schmeckt nicht nur gut, es ist auch schön zu sehen, dass es möglich ist, mit wenigen Zutaten wirklich Feines zu zaubern. Vielleicht, weil man sich dessen bewusst ist, dass diese so genannten Kleinigkeiten mit fröhlichem Herzen und großer Zuwendung gemacht worden sind, um dem, der hier feiert, eine Freude zu machen. Und dass auch Einfaches wunderbar schmeckt, wenn man sich dessen bewusst ist, wie gut man es hat. Vielleicht einfach deshalb, weil man geliebt wird.

Kartoffelbrot

Zutaten:

350 g Vollkornmehl (Weizen oder Dinkel),
50 g Kartoffelmehl (oder als Ersatz 1 Päckchen Vanillepuddingpulver),
1 Päckchen Trockenhefe,
500 g Kartoffeln,
5 Esslöffel lauwarme Milch,
1 Prise Salz,
2 Esslöffel Honig,
5 Eier,
Butter für die Form

Zubereitung:

Kartoffeln waschen, schälen und fein reiben. In ein Tuch geben und fest ausdrücken, damit sie möglichst trocken sind. Die Kartoffeln in eine breite Schüssel geben, Mehl, Hefe, Kartoffelmehl, Milch, Salz, Honig und die Eier beifügen und mit den Knethaken der Küchenmaschine gut durcharbeiten. Den Teig mit einem Tuch bedecken und eine halbe Stunde lang rasten lassen, damit er aufgeht. Wenn der Teig zu fest ist, noch etwas lauwarme Milch dazugeben. Eine Kastenform gut mit Butter ausstreichen, den Teig eingießen und noch einmal zugedeckt für eine halbe Stunde stehen lassen. Backrohr auf mittlere Hitze vorheizen, die Form hineingeben und langsam, etwa 45 Minuten lang durchbacken.

Das Kartoffelbrot wird ausgekühlt in Scheiben geschnitten. Es kann einfach so gegessen werden, wird aber auch gerne mit Butter und Marmelade bestrichen. Ist Kartoffelbrot einmal etwas altbacken geworden, kann es auch im Toaster wie Weißbrot getoastet werden, danach bestreicht man es mit Butter.

Feiner Klosterzopf

Zubereitung:

Mehl, Trockenhefe, die Eier, Salz, Honig vermischen. Die Milch lauwarm erhitzen, die Butter in der Milch weich werden lassen und beides zur Mehlmischung geben. Gut durchrühren und mit den Knethaken der Küchenmaschine fest durcharbeiten. Danach erst Rosinen zugeben und sanft unterrühren.

Den Teig mit einem Tuch zudecken und 30 Minuten rasten und aufgehen lassen. Danach in drei Teile teilen, Rollen formen und einen Zopf flechten. Dazu werden die Rollen nebeneinander auf eine bemehlte Arbeitsfläche gelegt und tatsächlich wie ein Zopf, von der Mitte ausgehend, geflochten. Anfänger können zuerst auch einmal mit zwei Rollen arbeiten. Das ergibt einen etwas einfachen Zopf, aber der schmeckt ebenfalls gut. Die Teigenden werden gut zusammengedrückt und einmal umgeschlagen.

Danach ein Backblech mit Butter befetten, den Zopf darauf legen, mit einem Tuch zudecken und nochmals rasten und aufgehen lassen, bis der Teig etwa doppelt so groß ist (ca. eine halbe Stunde). Backrohr vorheizen auf mittlere Stufe. Das Ei verquirlen. Vor dem Backen den Zopf mit Ei bestreichen und mit Hagelzucker bestreuen. Für etwa eine halbe Stunde im Rohr backen.

Tipp: Für das Mehl ist eine Mischung aus feinem Maismehl und Weizen- oder Dinkelvollmehl ideal. Das Maismehl hat einen hohen Stärkeanteil und macht diese Speise sehr flaumig.

Zutaten:

500 g Mehl,
1 Päckchen Trockenhefe,
250 ml Milch,
70 g Butter,
4 Esslöffel Honig,
1 Prise Salz,
2 Eier,
80 g Rosinen,
1 Ei zum Bestreichen,
einige Esslöffel Hagelzucker zum Bestreichen, Butter für die Backform

Bunte Aufstriche: Kürbiskernaufstrich

Zutaten:

250 g Topfen (Quark), Salz, Pfeffer, 2 Esslöffel Kürbiskernöl, 2 Esslöffel grüne Kürbiskerne

Zubereitung:

Den Topfen in einer Schüssel cremig rühren, Öl, Salz und Pfeffer dazugeben und gut vermischen. Kürbiskerne fein hacken und vor dem Anrichten den Aufstrich damit garnieren.

Kräuteraufstrich

Zutaten:

250 g Topfen (Quark), 1 Esslöffel Olivenöl, Salz, 3 – 4 Esslöffel feinst gehackte Kräuter (z. B. Kerbel, Petersilie, Dille, Basilikum), 1 Esslöffel Sonnenblumenkerne oder Walnüsse, etwas Schnittlauch zum Bestreuen

Zubereitung:

Den Topfen in einer Schüssel cremig rühren, Öl, Salz, Kräuter dazugeben. Sonnenblumenkerne fein hacken, Schnittlauch schneiden. Vor dem Anrichten beides auf den Aufstrich streuen.

Aufstrich nach Liptauer Art

Zubereitung:

Butter cremig rühren, dazu gibt man Topfen, Salz, Pfeffer, Kümmel, die fein gehackte Zwiebel, die feinst gehackten Essiggurken, Senf, Paprika. Alles gut vermischen. Vor dem Anrichten die grob gehackten Kapern zum Garnieren verwenden.

Zutaten:

250 g Topfen (Quark),
50 g Butter,
Salz, Pfeffer,
gemahlener Kümmel,
1 kleine Zwiebel,
2 Essiggurken,
1 Teelöffel Senf,
1 Esslöffel Kapern,
2 Esslöffel gemahlener Paprika

Eiaufstrich

Zubereitung:

Von den Eiern die Eigelbe fein hacken, das gekochte Eiweiß beiseite stellen. Butter in einer Schüssel cremig rühren, Topfen, Eigelbe, Salz und Senf dazugeben.

Alles gut verrühren. Das Eiweiß hacken und gemeinsam mit der Petersilie zum Garnieren des Aufstrichs verwenden.

Zutaten:

250 g Topfen (Quark),
60 g Butter,
Salz, 2 hart gekochte Eier,
1 Esslöffel süßer Senf,
etwas gehackte Petersilie zum Garnieren

Rohkostaufstrich

Zutaten:

250 g Topfen (Quark),
1 Esslöffel Olivenöl,
1 Karotte,
1/4 Sellerieknolle,
3 Radieschen,
2 Knoblauchzehen,
Salz, Pfeffer,
2 Essiggurken,
2 Esslöffel gehackte Kräuter zum Garnieren

Zubereitung:

Karotte und Sellerie schälen und feinst reiben, Radieschen und Essiggurken fein schneiden. Topfen und Öl in einer Schüssel cremig rühren, Pfeffer, Salz, die geschälten und zerdrückten Knoblauchzehen, Gemüse und Gurken dazugeben.

Vor dem Servieren mit Kräutern garnieren.

Dazu passen: Kräuterweckerl.

Kräuterbrötchen (Kräuterweckerl)

Zubereitung:

Mehl in einer Schüssel mit Trockenhefe mischen, Wasser und Milch, Honig, Öl, Salz und Kräuter dazugeben und alles gut vermischen. Den Teig fest verkneten, letztlich geht das am besten mit den Händen. Gut durcharbeiten, mit einem Tuch zudecken und eine halbe Stunde rasten lassen, damit er aufgeht. Danach sollte der Teig auf das Doppelte aufgegangen sein. Nun noch einmal durchkneten. Ein Backblech gut einfetten, kleine runde Brötchen formen und nicht zu dicht nebeneinander auf das Blech setzen. Mit einem Tuch zudecken und noch einmal eine halbe Stunde gehen lassen. Das Backrohr auf starke Hitze vorheizen. Die Brötchen einmal mit warmem Wasser bestreichen und ins Backrohr schieben. Die ersten 10 Minuten sehr heiß backen, dann auf mittlere Hitze zurückdrehen. Wie lange die Brötchen brauchen, bis sie fertig sind, hängt von ihrer Größe ab – wahrscheinlich dauert es 20 bis maximal 30 Minuten.

Zutaten:

500 g Mehl (gut eignet sich eine Mischung aus Weizen- und Dinkelvollkornmehl),
1 Päckchen Trockenhefe,
250 ml Milch,
250 ml Wasser,
1 Teelöffel Honig,
1 guter Teelöffel Salz,
2 Esslöffel Öl,
2 Hände voll frische, fein gehackte Kräuter (das können durchaus kräftigere Sorten sein, z. B. Salbei, Rosmarin, Majoran, Estragon, Bohnenkraut, aber natürlich auch Petersilie, Dille oder Schnittlauch),
Fett für das Backblech

Toast mit Käse und Bier

Zutaten:

300 g grob geriebener Hartkäse,
250 ml Bier,
etwas Salz, Pfeffer,
süßer Senf,
Paprikapulver,
einige Tropfen Worcestersoße (macht das Ganze würziger),
2 Eigelb,
8 – 10 Scheiben Toastbrot,
Butter zum Bestreichen

Zubereitung:

Bier in einen Topf geben, auf kleinster Hitze sanft erwärmen, Käse hinzufügen und unter ständigem Umrühren cremig werden lassen. Die Masse soll nie aufkochen. Wenn sie cremig ist, vom Feuer nehmen.

In einer Schüssel die Eigelbe mit den Gewürzen gut verrühren und in die Käsecreme mengen.

Die Toastbrote können dreieckig geschnitten werden, man kann aber auch Formen ausstechen – Kreise, Halbmonde, Herzen. Die Toastscheiben werden mit etwas Butter bestrichen, danach mit der abgekühlten Käsemasse. Auf ein befettetes Backblech nicht zu eng nebeneinander legen und im vorgeheizten Backrohr bei stärkerer Hitze etwa 10 Minuten überbacken. Die Toasts sollen nicht zu dunkel werden.

Zu den Toasts passen Salate und eingelegte Gemüse. Und es sollte auf jeden Fall ein Glas Bier dazu getrunken werden.

Omelett mit Gemüse der Saison

Zubereitung:

Gedünstetes Gemüse erwärmen, abschmecken und gut abtropfen lassen, damit möglichst wenig Flüssigkeit darin enthalten ist. Eier mit etwas Milch und einem Teelöffel Mehl verquirlen, pfeffern und salzen. In einer Omelettpfanne Butter zerlaufen lassen und gut erhitzen. Die verquirlten Eier hineingießen und stocken lassen. Sie sollten beinahe fest werden. Danach das Omelett auf einen Teller geben, einige Löffel Gemüse darauf setzen und zusammenschlagen, damit das Gemüse gleichsam versteckt ist. Mit frischen Kräutern bestreuen.

Tipp: Als Kräuter kann man im Frühling Bärlauch verwenden, im Sommer grüne Bohnen und Paprika, im Herbst Pfifferlinge (Eierschwammerl) und im Winter Lauch und Wurzelgemüse.

Omeletts sind eine ganz feine Speise, müssen aber stets frisch gemacht werden. In diesem Fall empfiehlt es sich, eine nach der anderen zuzubereiten und zu servieren. Man könnte sie auch im Backrohr ein wenig stehen lassen, aber das schön aufgelaufene Ei sieht danach einfach nicht mehr so gut aus. Beim Omelett Essen müssen die Menschen bei Tisch einmal auf ihr Essen waren, das ist ungewöhnlich. Vielleicht wird ihnen aber dadurch einmal bewusst, dass der Koch/die Köchin in der Küche ganz persönlich für jeden Einzelnen gekocht hat. Und das ist doch auch einmal eine interessante Erkenntnis.

Zutaten:

etwas buntes, gedünstetes Gemüse der Saison, gut gewürzt mit Salz, Pfeffer und Kräutern, Gemüse,
Eier (pro Person rechnet man 2),
etwas Milch,
etwas Mehl,
Salz, Pfeffer,
Butter zum Backen,
frische Kräuter zum Bestreuen

Das Einfache schmecken

Wenn der hochwürdige Herr Bernhard, der Abt des Stiftes Klosterneuburg, persönliche Gäste hat, schenkt er ihnen das für ihn Kostbarste – Zeit. Das Leben des Herrn Prälaten, so wird der oberste Chef der Augustiner Chorherrn im Haus genannt, ist ziemlich stressig geworden. Ist doch das Kloster nur selten beschaulicher Ort, sondern auch ein Wirtschaftsunternehmen, das gut geführt werden muss. Allein die Instandhaltung der historischen Gebäude verschlingt Jahr für Jahr große Mengen Geld, das muss erst einmal verdient werden. Ein Teil der Arbeit des Abtes ist auch das Repräsentieren geworden. Er ist ein bedeutender Mann der Kirche, dazu persönlich auch ein freundlicher und warmherziger Mensch und erhält viele Einladungen zu wichtigen Terminen. Und wohl genauso viele zu unwichtigen. Und meist, wenn der hochwürdige Herr irgendwo Gast ist, decken die Gastgeber den Tisch besonders reichlich und auch besonders vornehm.

Bei vielen Einladungen kommt nur das Beste auf den Tisch – auf das Einfache vergisst man.

Wenn er sich aber – selten genug – daheim im Stift einen Abend lang für einige wenige Gäste Zeit nehmen kann, gönnt er sich auch ein besonderes Vergnügen: Er stellt sich in die Küche und bereitet das Essen selbst zu. Wenn der Herr Prälat den Kochlöffel schwingt, entstehen keine luxuriösen Speisen. Da kommen keine Scampi auf den Tisch und kein Perlhuhnbrüstchen auf gegrillten Morcheln mit weißem Tomatengelee. Es gibt ganz einfache Kost, Hausmannskost sozusagen. Zu seinen Favoriten gehören zum Beispiel die Krautfleckerln. Auch Semmelknödel gehen ihm leicht von der Hand, die musste er schon als junger Kaplan im

Pfarrhaushalt zubereiten. Weil die Haushälterin des Pfarrers zwar mit der Führung des Pfarrhaushalts zurechtkam, aber nicht mit großer Kochkunst gesegnet war. Und die Semmelknödel der Frau Johanna zählten zu den gefürchtetsten Produkten der Pfarrküche, das waren keine locker-flaumigen Kloße, das waren kompakte Kugeln und potentielle Wurfgeschosse.

Dass gerade Menschen, die oft zu Empfängen geladen sind, wo feinstes bis luxuriöses Büfett geboten wird, einfache Speisen lieben, ist verständlich. Ein Zuviel an „edlen Speisen" verdirbt nicht nur den Magen, sondern auch die Lust am Essen. Wer Abend für Abend duftiges Weißbrot und zarteste Pastetchen isst, freut sich bald auf eine Scheibe Schwarzbrot mit Butter. Manchmal hat einer der professionellen Veranstalter Erbarmen mit seinen Gästen, die tagtäglich ihre Arbeitsessen mehr absolvieren als genießen. So wurde zum Beispiel einer Runde von Wirtschaftsbossen als abendlicher Imbiss ein Glas Weißwein und ein Schmalzbrot kredenzt. Das ist zwar eine Cholesterinbombe, aber es schmeckt gut. Und ist eine so einfache Kost, dass die Herren völlig hingerissen waren: ein Abend ohne Shrimps und Kaviar, dafür Brote wie einst bei Oma, fantastisch.

Ein Zuviel an edlen Gerichten verleidet die Lust am Essen.

Das Einfache wieder schmecken können, das hat viel mit bewusster Ernährung zu tun. Aber es kann auch wirklich lustvoll sein. Wer jemals eine Weile strenge Diät gehalten hat – die berühmt-berüchtigte „Milch-Semmel-Diät" des Franz Xaver Mayr zum Beispiel, bei der man so richtig auf alles verzichtet, was gut schmeckt –, wird beim Wiedereinstieg in den Nahrungsalltag staunen, wie gut der erste Löffel Suppe schmeckt. Und wie sich der Gaumen verändert hat. Viele schmecken dann zum ersten Mal, wie überwürzt unsere Speisen oft zubereitet werden. Da spürt man plötzlich nicht das Salz in der Suppe, sondern das Zuviel an Suppenwürze. Und in vielen Gemüsespeisen vermisst man den ursprünglichen Geschmack des

Gemüses, weil er bereits vom Würzeinerlei und professionellen Geschmacksverfeinerungen überdeckt wurde. Manch eine jener leckeren Milch- und Jogurtcremespeisen wiederum schmeckt nicht mehr sahnig-locker und süß, sondern ganz einfach nach purer Chemie.

„Lerne das Einfache", sagt der Augsburger Dichter Bert Brecht, und er meint damit wahrlich nicht das Essen. Aber der Satz lässt sich wunderbar auf den kulinarischen Bereich umlegen: Lerne das Einfache wieder zu schmecken. Der Geschmack von frischem Gemüse ist wunderbar, gerade, wenn es sparsam gewürzt ist. Brot hat einen fantastischen Geruch, wenn es nicht mit Wurst und Käse bedeckt wird. Apfelkompott, selbst gekocht, schmeckt besser als jeder Früchtecocktail aus der Dose. Und ein Butterbrot mit Schnittlauch bestreut sieht nicht nur appetitanregend aus, es mundet auch großartig. Am besten schmeckt es, wenn man wartet, bis man Hunger hat, bevor man hineinbeißt. „Mit weniger auskommen", das ist das Ziel vieler, die sich bewusst ernähren. Für heutige Kochkünste heißt das vielleicht auch: mit weniger Fett, weniger Crème fraîche und Schmand, weniger Zucker und Süßstoff. Ein Spinat, der durch reichliche Beigabe von Sahne fein-cremig geworden ist, schmeckt nach allerlei guten Zutaten, aber nur mehr wenig nach Spinat. Und zu großzügiges Überstreuen mit Zucker deckt den Eigengeschmack der feinsten Mehlspeisen zu. Danach schmeckt zwar alles weich und rund und würzig oder süß – aber auch mehr oder weniger gleich.

Lerne, das Einfache wieder zu schmecken.

Mit großartigen Zutaten feine Speisen zu kochen, das ist keine Kunst. Das meinte die alte Frau Käthe, nachdem sie 40 Jahre lang in einer Gasthausküche gekocht hatte. Und ein Kartoffelgulasch von ihr, das ausgiebig gelobt wurde, hat sie mit einem lapidaren Satz kommentiert: „Das muss gut sein. Da ist Rahm drinnen." Kochen mit einfachen Mitteln, mit „wenig", wie sie sagte, das wäre eine Herausforderung. Erst wer ein paar

„Dinge" im Haus hat und dennoch daraus eine köstliche Mahlzeit zaubern kann, der wäre auch ein guter Koch, eine gute Köchin. Die Erinnerungen, die wir an die Speisen unserer Kindheit in uns tragen, bestätigen diese These. Oft ist es gerade das Einfache, das wir uns manchmal zurückwünschen: Großmutters Grießschmarren, die heißen Kartoffeln, die der Mutter während des Kartoffelschälens schnell entwendet und mit ein wenig Salz bestreut verzehrt wurden; oder verrührte Eier aus der Pfanne wie einst auf der Schihütte.

In den feinen Küchen der teuren Lokale blitzt manchmal der Trend zum Einfachen durch, aber erst langsam und vorsichtig. Feinste Zutaten werden dann nicht mehr überreich präsentiert, sondern sollen für sich wirken. Der Geschmack der edlen Speisen soll zu spüren sein und nicht mehr zugedeckt werden. Dasselbe kann man auch bei einfachen Speisen versuchen.

Wer selbst gerne kocht und meint, mit dem Würzen nicht so zurechtzukommen, für den haben moderne Bioköch/-innen einen – ebenfalls einfachen – Rat: Kombinieren Sie nur Gewürze, die nebeneinander im Gewürzbeet wachsen könnten. Salbei, Thymian und Basilikum passen zum Beispiel zusammen, auch Petersilie, Zitronenmelisse und Estragon. Exotische Gewürze wiederum sollen für sich stehen und nicht mit anderen vermischt werden. Und das alle Geschmacksnerven abtötende Glutamat möge man überhaupt am besten aus der Küche verbannen.

Gutes Gelingen!

Gesünder

mit

Kneipp

Die Kneippbewegung

gibt es auf der ganzen Welt, die 3 größten Verbände befinden sich in Österreich, Deutschland und in der Schweiz. An die 1.000 lokale Kneipp-Vereine oder Aktiv-Clubs bieten ihren Mitgliedern das Kneipp-Gesundheitsprogramm an: In Kursen kann man die Kneipp-Wasseranwendungen erlernen. Zum Kneipp-Programm gehören auch eine gesunde Ernährung, die Verwendung von Heilkräutern, viel Bewegung und eine Lebensordnung, die die Basis für ein Bestehen in allen Lebenslagen bietet. Viele Kneipp-Aktiv-Clubs bieten »Schlank ohne Diät« in Selbsthilfegruppen an.

50.000 Mitglieder gehören dem Österreichischen Kneippbund an,
160.000 dem Deutschen Kneippbund e. V. und
16.000 dem Schweizer Kneippverband.

Wir laden auch Sie ein, Mitglied der Kneippbewegung zu werden!

Fordern Sie kostenlos unsere Informationsbroschüren an.

Ihrer Gesundheit zuliebe!

Bleiben Sie gesund!

Interessenten wenden sich an:

Österreichischer Kneippbund
Kunigundenweg 10 · A-8700 Leoben
Tel.: (0 38 42) 2 17 18 · FAX: DW 19
Internet: www.kneippbund.at
E-Mail: office@kneippbund.at

Kneipp-Bund e.V., Deutschland
Adolf-Scholz-Allee 6 – 8 · D-86825 Bad Wörishofen
Tel.: (0 82 47) 30 02-0
Internet: www.kneippbund.de
E-Mail: kneippbund@t-online.de

Schweizer Kneippverband
Weissensteinstraße 35 · CH-3007 Bern · Tel.: (0 31) 3 72 45 43
Internet: www.kneipp.ch · E-Mail: info@kneipp.ch